技術系ベンチャー企業の
マーケティング行動分析

The marketing behavior of
the Japanese technological venture

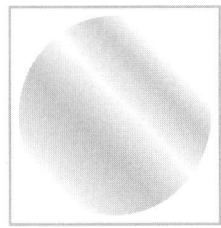

TUT「先端技術とマーケティング」研究グループ

目黒良門　坂田さくら………著

学 文 社

はじめに

　本研究は，技術系ベンチャー企業を対象にしたBtoBマーケティングについての研究である。本研究では，独自の技術を持ったベンチャー企業（以下，これを技術系ベンチャー企業とする）のなかでも，特に電子機器・精密機器・通信技術業界の技術系ベンチャー企業を研究対象とする。本研究は，これら業界における技術系ベンチャー企業のBtoBマーケティングについて，市場で成長するための要素および要素構成因子を抽出し，さらに，要素と構成因子間の関係および要素間の関係を明らかにし，技術系ベンチャー企業における市場適応について考察しようとするものである。

　1章は，本研究の概要，目的，意義について述べている。研究概要では，本研究の枠組み，研究対象，研究方法に関して説明する。研究目的と意義においては，本研究を行うにいたった経緯，目的，本研究の意義，得られた情報の活かし方について明らかにする。

　2章では，ベンチャー企業の現状について述べる。まずはじめに，中小企業とベンチャー企業の相違を説明し，次にベンチャー企業の定義を提示する。さらに，米国と日本におけるベンチャー企業の歴史について明らかにする。そして，日本のベンチャー企業の現状に関する既存データより，ベンチャー企業のIPOおよび倒産に関するデータを示し，ベンチャー企業のIPOの現状，さらにはベンチャー企業向け新興市場の特徴と現状，およびベンチャー企業の倒産の要因，ベンチャー企業の倒産における特徴を考察する。

3章では，ベンチャー企業のマーケティング活動について述べる。はじめに，技術系ベンチャー企業の定義および研究対象の選択理由について述べる。次に，米国・日本それぞれにおけるベンチャー企業のマーケティング戦略，製品開発，プロモーション，組織内マーケティングについて検討する。

4章は，本研究における予備調査と仮説設定についての記述である。ここでは，予備調査の方法，予備調査のための企業選定基準，対象企業の選定，予備調査結果について明らかにする。さらに予備調査に基づき，製品開発・プロモーション活動における市場適応・成長要素および要素構成因子の抽出を行い，仮説設定，仮説操作モデルの設定，仮説検証のためのアンケート作成を行う。

5章では，アンケートによる仮説検証とその結果について述べている。具体的には，アンケート方法，調査対象企業選出方法，実施企業数，アンケート実施期間，回収率といったアンケート調査の方法と結果を明らかにした上で，統計解析の手法を用いてアンケートデータの分析を行い，仮説の検証を行う。

6章では，仮説検証結果の評価と考察を行う。最後に，これらの検証結果を踏まえ，今後の課題について明らかにする。

日本国内のベンチャー企業の倒産件数は，年々増加傾向にある。本研究が，微力ながら，日本の技術系ベンチャー企業の市場成長の指針となれば幸いである。

2008年7月

目黒　良門

目　次

はじめに ……………………………………………………………… 1

1章　研究の目的と意義 ……………………………………………… 5

2章　ベンチャー企業の現状 ………………………………………… 9
　1節　ベンチャー企業の定義 ……………………………………… 9
　2節　日本におけるベンチャー企業の歴史 ……………………… 13
　3節　日本におけるベンチャー企業経営の現状 ………………… 16
　4節　日本のベンチャー企業の倒産とIPOの割合 ……………… 23
　5節　まとめ ………………………………………………………… 32

3章　技術系ベンチャー企業のマーケティング ………………… 35
　1節　研究対象としての技術系ベンチャー企業 ………………… 35
　2節　技術系ベンチャー企業の適応市場 ………………………… 36
　3節　B to BマーケティングとB to Cマーケティング ………… 42
　4節　日本のベンチャー企業におけるマーケティング戦略 …… 43
　　1）ベンチャー企業の成長ステージと戦略 …………………… 44
　　　① ベンチャー企業のスタートアップ期の戦略 …………… 44
　　　② 成長期におけるベンチャー企業戦略 …………………… 45
　　　③ IPO前のベンチャー企業における戦略 ………………… 48
　　2）技術シーズと製品の独立性と汎用性 ……………………… 48
　　3）製品開発における顧客ニーズ適応の重要性 ……………… 50
　　4）日本におけるベンチャー企業の製品開発および市場適応の現状 … 51
　　5）ベンチャー企業のプロモーション活動 …………………… 52
　5節　米国のベンチャー企業におけるマーケティング戦略 …… 55
　6節　ベンチャー企業における組織内マーケティング ………… 58
　7節　まとめ ………………………………………………………… 61

4章　仮説導入 ……………………………………………………… 65

　1節　調査企業選出 ……………………………………………… 65
　2節　予備調査 …………………………………………………… 66
　　取材1　A社の取材内容 ……………………………………… 67
　　取材2　B社の取材内容 ……………………………………… 69
　　取材3　C社の取材内容 ……………………………………… 70
　3節　仮説導入 …………………………………………………… 77

5章　仮説検証 ……………………………………………………… 85

　1節　アンケート調査 …………………………………………… 85
　　1) アンケートの形式 ………………………………………… 85
　　2) 調査対象 …………………………………………………… 85
　　3) アンケート実施方法 ……………………………………… 86
　2節　アンケート調査回収とデータ集計 ……………………… 87
　3節　アンケート調査データの統計解析 ……………………… 88
　　1) 因子分析 …………………………………………………… 89
　　2) 下位尺度間における相関係数の検討 …………………… 96
　　　① 全企業における各因子の下位尺度得点と相関係数 ……… 96
　　　② 企業設立年数別における各因子の下位尺度得点と相関係数 … 97
　　　③ 売上利益増減別における各因子の下位尺度得点と相関係数 … 98
　　　④ 企業設立年数，売上利益増減両側面における相関 ……… 101
　　　⑤ 各因子間における相関関係の考察 ………………………… 104
　　3) t検定による分析 ………………………………………… 106
　　4) 重回帰分析による因子間の因果関係検証 ……………… 111
　　5) 共分散構造モデルによる因果関係検証 ………………… 114

6章　考察と今後の課題 …………………………………………… 121

　1節　考　察 ……………………………………………………… 121
　2節　今後の課題 ………………………………………………… 129

参考文献 ……………………………………………………………… 131
あとがき ……………………………………………………………… 135
アンケート調査票 …………………………………………………… 137
索　引 ………………………………………………………………… 141

1章　研究の目的と意義

　今日，ベンチャー企業という言葉は，ビジネスの世界においては，すでに市民権を獲得している。しかしながら，日本においては，ベンチャー企業の4社に1社が設立から5年未満に倒産（ベンチャー倒産割合の約26％，全国倒産割合約6％）し，約6社に1社が，設立から5年から10年未満に倒産（ベンチャー倒産割合の約15％，全国倒産割合約12％）しているのが現状である[1]。しかも日本においては，全企業における倒産率に比較し，ベンチャー企業の倒産率がいちじるしく高い。さらには，倒産した企業の事業内容の内訳をみると，ベンチャー企業における倒産企業の約70％の事業内容が製造業とサービス業である。

　これら倒産企業の倒産理由を検討すると，全国の倒産会社の倒産理由は外的要因・販売不振，業界不振の2つの理由が7割を占めるのに対し，ベンチャー企業の倒産理由において圧倒的に高い値を示しているのが，内的要因である経営計画の失敗，設備投資の失敗，新製品開発の失敗の3つである。これらのデータから，ベンチャー企業は，大企業，中小企業に比べ創業初期に倒産しやすく，経営計画の失敗や，設備投資，新製品開発の失敗といった内的要因が，倒産理由の大部分を占めていることがわかる。

　ジェフリー・ムーアは，ハイテク産業の製品購入におけるプロセスは5つの顧客層からなり，これらはベルカーブ型を示すと述べている（図・1 Crossing chasm　参照）。

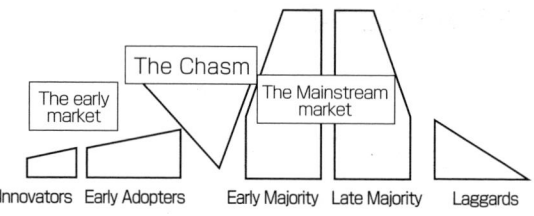

図・1 Crossing chasm
出典・ジェフリー・ムーア著／川又政治訳『キャズム』p.14 の図を基に作成

　ムーアは、5つの顧客層を、初期購入者であるイノベーター (innovators)、アーリー・アドプター (Early Adopters)、製品の質と実用性を重要視し購入するアーリー・マジョリティー (Early Majority)、購入者層が多いという事実が判明した後に購入を行うレイト・マジョリティー (Late Majority)、ハイテク製品購入に興味がないラガード (Laggards) と規定している[2]。これら顧客層間には、越えなければならない溝 (障壁) が存在し、特にアーリー・アドプターとアーリー・マジョリティーの間にはキャズムと呼ばれる製品購入顧客層が移行する時に大きな溝が存在する。ムーアは、ハイテク産業の製品がメイン市場で多くの人に購入されるには、キャズムを乗り越えることが重要であるとしており、これを乗り越えるためには、事業選択および標的設定において、ニッチ市場を想定しなければならないと記している[3]。また、ムーアは、アーリー・アドプターとアーリー・マジョリティーの違いは、「改革の為の手段」「生産性を改善する為の手段」を目的として製品を購入する点であると述べている。そして、ムーアは、企業が自らのハイテク製品をアー

リー・アドプターからアーリー・マジョリティーへと浸透させようとする時には,「本来,先行(成功)事例と手厚いサポートを必要とする顧客に対し,有効な先行(成功)事例と強力なサポートなしで攻略しようとしている」ということを肝に銘じなければならない[4]と述べている。

また,スコット・A・シェーンは,その著書『プロフェッショナル・アントレプレナー』の中で,ベンチャー企業が市場参入する場合,ニッチが多く存在する細分化された業界,成長が見込まれる市場,市場規模が大きい市場,ライフサイクルが成熟していない市場に参入するのがよいとしている。

ベンチャー企業の歴史が浅い日本において,多くのベンチャー企業に関係する[5]ビジネス書(翻訳書を含む)が出版され,また,ベンチャー研究に関する論文も少なからず存在している。しかし,2004年の帝国データバンクの調査によれば,日本におけるベンチャー企業の倒産数は2002年まで増加しつづけており,その後,現在においても減少傾向には転じていない[6]。一方で,創立10年未満で約40%が倒産する日本のベンチャー企業のなかにありながら,成功を収めたベンチャー企業も少なからず存在する。ベンチャー企業の成長には,いくつかの成功要因の存在が想定し得るのである。これら成功要因を明らかにし,さらには各要因における因子を抽出し,それらの最適な組合わせを探り出すことによって,ベンチャー企業の成功条件を明確化し得る。

次に,研究対象となるベンチャー企業であるが,本研究においては,ハイテク産業を扱う技術系ベンチャー企業のなかでも,特に電

子・精密機器等の技術系ベンチャー企業にスポットをあてた。電子機器・精密機器・通信技術業界を研究対象とする理由は，大きく次の5つである。一つは，「市場が細分化されている」こと。2つ目に，「今後，市場の成長が見込まれる」こと。3つ目として，「市場規模が大きい」こと。4つ目として，「製品のライフサイクルが速い」こと。最後に，「独自の技術を使った企業が多い」ことである。

さらに，日本における技術系ベンチャー企業の成功要因分析には，これ以外にもいくつかの意義が考えられる。一つは，本研究が将来技術系ベンチャーを起業しようとする人材にとって，マーケティング活動指針となり得るということである。2つ目に，ベンチャー企業経営実務に対する何がしかの貢献である。先に述べたように，日本国内のベンチャー企業の倒産件数は増加傾向にある。本研究が，微力ながら，日本の技術系ベンチャー企業の市場成長の指針となれば幸いである。

注
1) 帝国データバンク「特別企画 2004年のベンチャー企業倒産動向調査」
2) ジェフリー・ムーア著／川又政治訳『キャズム』翔泳社 2002年 p.14
3) 同上書 p.104
4) 同上書 p.34
5) スコット・A・シェーン著／スカイライトコンサルティング訳『プロフェッショナル・アントレプレナー』英治出版 2005年など
6) 帝国データバンク 前掲調査

2章　ベンチャー企業の現状

1節　ベンチャー企業の定義

　当然のことながら，すべての企業は，事業の初期段階を経て成長していく。すなわち，内容にかかわらず，企業はすべて，その起業初期段階においてベンチャーを経験しているといえるのである。「ベンチャー」という言葉の語源は「冒険」であり，ベンチャー企業とは，リスクを負った起業を行い，事業を成長させていく初期段階の企業の姿を表している。

　経済学者のJ・A・シュンペーターは経済学者の視点から，「企業家」の定義を行った。シュンペーターは革新の担い手である企業家を次の5つの点において特徴づけている。①新しい生産物または生産物の新しい品質の創出と実現，②新しい生産方法の導入，③産業の新しい組織の創出，④新しい販売市場の開拓，⑤新しい買付け先の開拓という5つの項目である[1]。これらの5項目は，今日における実際のベンチャー企業の経営姿勢，およびベンチャー企業の研究者が指摘する成功要因と多くの部分において共通している。シュンペーターが経済学と経営学の2つの視点から行った「企業家」の定義は，ベンチャー企業の定義を考える上で，大きな示唆を与えるものである。次に，ベンチャー企業の定義について，制度的な立場から考えてみたい。

　中小企業基本法によると，中小企業とは資本の額または出資の総額が3億円以下，常時使用する従業員数が300人以下の会社であり，

製造業,建設業,運輸業,その他の業種に属する事業を営むものとされている。制度的には,ベンチャー企業も中小企業の一つと考えられるのである。しかしながら,もちろん,経営学的には,ベンチャー企業と中小企業にはいくつかの違いが存在する。

中小企業とベンチャー企業の違いは,「歴史的側面」「経営的側面」とに分けて考えることができる。まず,歴史的側面における両者の最も大きな相違は,それら企業経営形態が社会に認知されてきた時間的な長さである。企業形態を表す「ベンチャー企業」という言葉が日本に入ってきたのは1970年代であり,そういう意味で日本でのベンチャー企業への歴史は長くない。一方,中小企業は日本の産業構造のなかに組み込まれ,永きに渡り,社会・経済構造の一部として社会的に認知されてきた。戦後の中小企業は,敗戦の影響による資材不足や生産設備の不足によりいったんは低迷したものの,その後朝鮮戦争の勃発による特需を契機に,大企業の下請けとしての事業存続に活路を見出した。やがて,大企業は優良中小企業を組織化し,中小企業は大企業の「下請け」という社会的認知が固定化されるに至ったのである。

次に「経営的側面」の違いであるが,これについては以下の2つが考えられる。一つ目の経営的相違は,「大企業の傘下(下請け)に属しているか否か」という点である。2つ目の経営的相違は,「資本に対する研究開発費の占める割合が高いか否か」の違いである。まず,一つ目の大企業の傘下に属するか否かの違いについてであるが,ベンチャー企業は中小企業と異なり,大企業の傘下に位置する企業ではないため,当然のことながら,独自に仕事を獲得しなけれ

ばならない。つまり，半ば固定化されたルートで仕事が流れてくる伝統的中小企業とは異なり，ベンチャー企業は，独自のサービス，製品，技術を用いて，単独での市場適応と企業存続を模索しなければならない。ゆえに，ベンチャー企業の経営には，「市場不適応」「資金面の悪化」「倒産」といったリスクが常に存在する。しかしながら，その一方で，ベンチャー企業では，大企業の傘下に属していないがゆえに，経営に関するすべての権限をほぼ自社で所有することが可能となる。つまり，製品開発・プロモーション活動・流通・価格といったマーケティング手段，経営計画・設備投資・組織構築といった経営要素に関する意思決定を自社もしくは経営者自身で行えるので，規模は小さいながらも，大企業と対等な立場で経営戦略を策定することが可能となる。また，大企業には不向きな不可能なニッチターゲットを対象とした製品開発，そのための戦略組織の構築が可能となる。逆に，中小企業は，経営活動の全般にわたり大企業への依存度が高く，継続的に事業を遂行したとしても，大企業と同じ立場で戦略を策定することは不可能に近い。

　2つ目の「資本に対する研究開発費の占める割合」の相違についてであるが，この相違は仕事の獲得方法の違いによるところが大きいと考えられる。中小企業が大企業傘下に属している場合，ある程度コンスタントな仕事の獲得が可能となる。また，大企業からの発注内容も発注製品・サービスの技術的レベルも固定的となる。一方，ベンチャー企業においては，他社からオーダーを獲得するため，「新規性ある応用技術・製品・サービス」の提案と提供が必要になってくるのである。さらには，ベンチャー企業にとっては，大手企業と

同じような価格競争と大量生産・流通政策を実行することは資金的に不可能であり，顧客企業を定着化させるためには，研究開発に力を注ぎ，独自性ある製品やサービスに経営資源を集中させていくことが不可欠となるのである。

以上述べてきたように，制度的にはベンチャー企業も中小企業もほぼ似たような定義のなかにいるが，両者の間には歴史的側面と経営的側面において大きな相違がある。すなわち，伝統的な中小企業との対比のなかでみれば，ベンチャー企業は，「製品に独創性がある」「新規顧客開拓を積極的に行う」「倒産リスクを負った」「創業初期企業」という定義付けがなされるのである。

次に，日本の経営学研究分野におけるベンチャー企業の定義について概観してみよう。日本におけるベンチャー企業の研究者は，いくつかのキーワードを用いてこれを定義している。そこにおいて強調される共通のキーワードを集約すると，「リスクを強調する定義」「革新性を強調する定義」「成長を強調する定義」「アントレプレナーシップを強調する定義」の4つにまとめることができる[2]。「リスクを強調する定義」は，松田修一の知見による。松田は，自身の著書『ベンチャー企業』において，「ベンチャー企業とは，成長意欲の強い起業家に率いられたリスクを恐れない若い企業で製品や商品の独立性，事業の独立性，社会性，さらには国際性をもった，なんらかの新規性のある企業である」という定義を示している[3]。また，「革新性を強調する定義」としては，清成忠男が，「ベンチャービジネスとは知的集約的な現代的イノベーターとしての中小企業である。創造的で，ソフトに特徴のある中小企業である。具体的には研究開

発集約的,デザイン開発集約的,あるいはシステム開発集約的な企業である。これらの企業はハイ・リスクであり,まさにベンチャー(冒険)ビジネスなのである」[4]と述べている。さらに,「成長を強調する定義」および「アントレプレナーシップを強調する定義」としては,金井一頼と角田隆太郎が,「ベンチャー企業とは,新しい技術・サービスまたは事業概念を持ち,既存事業との差別化空間を比較的長く維持することを狙い,経済的またはキャリア上のリスクを背負った成長意欲の強い経営者に率いられ事業成功の暁には相応の富と社会的評価が得られる企業のことを指している」「起業家活動のポイントは革新性にあり,このような意味でイノベーションを伴わない起業はベンチャー創造には含まれない。成長性については発展,成長志向はベンチャー企業の重要な条件であるが,結果として成長に至らない企業もアントレプレナーシップと革新性を持つ限りはベンチャー企業として含めることとする」[5]と述べている。

なお,経営学における「技術」は,本来「価値を生み出す為のツールとしての技術」と「製品に埋め込まれる技術」の2つの側面を有している。本研究における「技術」の定義はこれら2つの側面をすべて含むものとする。

以上から,本研究においては,技術系ベンチャー企業の定義を,「独創的な技術を持ち,その技術を製品・サービス化し,B to B市場において顧客適応化を図る企業」とする。

2節 日本におけるベンチャー企業の歴史

ベンチャー企業の歴史の始まりは,アメリカである。アメリカの

ベンチャー企業の先駆としてボストンのルート128とカリフォルニアのシリコンバレーが挙げられる。この2つのベンチャー企業発展都市の発達は第2次世界大戦にまで遡る。第2次世界大戦中,そして,大戦後,アメリカは軍事関連技術を開発させるために大学の研究施設に資金を投入し,その結果,新たな産業が生まれ,アメリカ・東部と西部で成長していった。それは,いうなれば,アメリカ・北東部に位置するマサチューセッツ工科大学と西部に位置するスタンフォード大学を中心とした「新産業」の勃興であった。この2つの大学はアメリカの防衛,航空宇宙関係の政府プロジェクトを1940年代から1970年代にかけて行っていたのである。そのため,これらの大学ではレーダー,エレクトロニクス,コンピューター等の分野で研究開発が進められ,大学の周りには多くのこれら研究技術者,研究のための資材提供者が集まっていった。しかし,この2つの地域の起業家活動と技術進歩は,始まりこそ政府からの資金投入で勢いづいていたが,1970年代初期には独自の力で発展を続けはじめたのである。その結果,MITを中心とした,ルート128と,スタンフォード大学を中心としたシリコンバレーはエレクトロニクスの技術革新の拠点となり,ベンチャー企業発祥の地となっていったのである[6]。

一方,日本におけるベンチャー企業の歴史は1970年代に始まるとされる。もちろん,日本において,1970年以前からベンチャー企業として発展してきた企業も数多く存在する。しかしながら,先述したように,その時代においては,ベンチャー企業,ベンチャービジネスといった言葉が社会的に認知されていなかった。1940年代に設立されたソニー,ホンダ,オムロン,1950年代に設立され

た京セラなどの経営行動は,今日振り返ってみれば,ベンチャー企業特有の挑戦的な経営戦略そのものであったと考え得る。

1972年[7],京都財界が日本初のベンチャーキャピタルである京都エンタープライズディベロップメントを設立。続いて,日本エンタープライズディベロップメント,日本合同ファイナンス(現ジャフコ)設立された。この時代におけるベンチャーキャピタルの相次ぐ設立が,日本におけるベンチャー概念の認知とベンチャー企業の勃興に一役買ったことはいうまでもない。また,1970年代における日本の産業は,素材産業中心の大量生産・大量消費産業から加工組立型産業(自動車・電機)への転換期を迎えており,こうした産業構造の大転換も第1次ベンチャーブームを後押ししたのである[8]。しかし,1970年から73年にかけて起きた第1次ベンチャーブームは,1973年の第1次石油ショックを契機とする不況の到来とともにいったんは消失してしまった。この第1次ベンチャーブームは期間こそ短いものではあったが,日本に初のベンチャーキャピタルが設立され,初めてベンチャーという企業モデルが確立されたという意味において,正にエポックメイキングな出来事であった。続く第2次ベンチャーブームは,第1次から約10年後,第2次石油ショック後の1983年から1986年にかけて起きている。この時代は流通,サービス業といった第3次産業の拡大時期であった。また,この時期,ジャスダック市場の上場基準緩和,超金融緩和により,証券・銀行・外資系ベンチャーキャピタルが相次いで設立された[9]。これら,規制緩和やベンチャーキャピタルの急増といった時代背景の下,エレクトロニクス,新素材,バイオテクノロジーといった高度先端技術を

中心とした[10]研究開発型のベンチャービジネスが相次いで設立された。第2次ベンチャーブームの前後に設立され，現在も存続している企業として，1980年設立のHIS，1981年設立のソフトバンク等がある。しかし，その後の円高不況により，ベンチャー企業の倒産が相次ぎ，第2次ベンチャーブームもわずか3年で終わる。第2次ベンチャーブームも，第1次ベンチャーブーム同様，期間は短いものであったが，第2次ベンチャーブーム期に設立したベンチャー企業のなかには，現在も存続している企業が数多く存在する。第3次ベンチャーブームはバブル崩壊後，1995年から始まったブームである。第3次ベンチャーブームは，1次，2次ベンチャーブームとは異なり，政府の積極的なベンチャー支援政策によるものであった。1995年，研究開発およびその事業化を通じて，新製品・新サービス等を生み出そうとする中小企業を支援するために「中小企業の創造的事業活動の促進に関する臨時措置法」が作られ，1996年には各都道府県に「ベンチャー財団」が設立された。さらに，この時期，大学発のベンチャー企業設立の解禁，ベンチャー企業と大学との共同研究，大学の知的財産の民間企業への移転等の制度が作られた。これら，ベンチャー企業支援策が進む一方で，ベンチャー企業のための新興市場であるジャスダック，マザーズが新たに設立された。第3次ベンチャーブームは，政府，ベンチャー企業，研究機関が一体となった，産学官連携型のムーブメントと言えよう。

3節　日本におけるベンチャー企業経営の現状

　それでは，第1次ベンチャーブームから約40年が経過した日本

のベンチャー企業の現状はどうなっているのか,マクロおよびミクロの視点から検討してみよう。

初めに,マクロ視点であるが,現在はベンチャー企業という概念が日本に初めて伝播された当時と比較すると,ベンチャー企業設立のための環境は整いつつある。上述したように,日本には3度のベンチャーブームが到来しているが,政府がベンチャー企業振興に乗り出したのは3度目のブームの時期である。1990年代に入り,ベンチャー企業支援制度,その他各種支援制度が定められた結果,ようやくベンチャー企業設立に適した制度的条件が整い始めた。

1995年に施行された「中小企業の創造的事業活動の促進に関する臨時措置法」は,中小企業の創業,研究開発を支援し,新たな事業分野の開拓を図り,日本が国産業構造の転換の円滑化と国民経済の健全な発展を目的として制定されたものである。この法律の施行により,ベンチャー企業は,融資,税金,助成金等,種々の優遇策で支援する制度[11]を受けることができるようになった。1998年の「新事業創出促進法」は,既存の産業資源を活用しつつ,新たな事業創出の推進を行うため,新たな設立事業を直接支援するための制度である。さらに,2005年,これら2つの法律が廃止・統合され,新たに「中小企業の新たな事業活動の促進に関する法律」が制定され,2007年現在の現行法となった。この法律は,政府が創業,新規事業,中小企業の連携における新規事業分野開拓の支援を行うとともに,新規事業活動の促進を図り,国民経済の発展に寄与することを目的としている。

また,上述したように,これら支援政策のみならず,産学官連携

のスキームが一般化され、大学等研究機関で見出されたビジネス・シーズを民間企業へ移転する動きも活発化し始めた。実際に、大学からの技術移転により生まれた、いわゆる大学発ベンチャー企業は、2007年3月末で、1500社を超えている。さらに、こうした動きにともない、大学敷地内等でのインキュベーション施設の設立も相次いでいる。

また、このような政策環境の変化に加え、ベンチャー企業の資金調達市場においても変化が起きている。現在、日本には新興市場向け市場が6ヵ所存在している。これら新興企業向け市場は2000年前後に設立された。対象企業として中小企業を想定しているため、1部・2部と比較すると、上場基準が緩やかとなっている。以上、現在のベンチャー企業を取り巻く環境は、ベンチャーの設立と存続を全面的に支援する方向に動いているといえるだろう。

次に、ミクロの視点、すなわちベンチャー企業の経営状況について考察する。個々のベンチャー企業が置かれている現状は、ベンチャー企業のバックグラウンドによって異なってくる。そこで、経営状況をベンチャー企業の「設立時」と「設立後」に分け、考察を行うこととした。

ベンチャー企業の設立時、最も問題となるのが、いうまでもなく、資金の問題である。中小企業庁の『中小企業白書(2007年度版)』で報告されている「創業・開業準備の苦労」のデータにおいても、資金調達が問題のトップに挙げられ、次いで人材確保が挙げられている(図・2　企業設立時問題項目　参照)。

2章　ベンチャー企業の現状　19

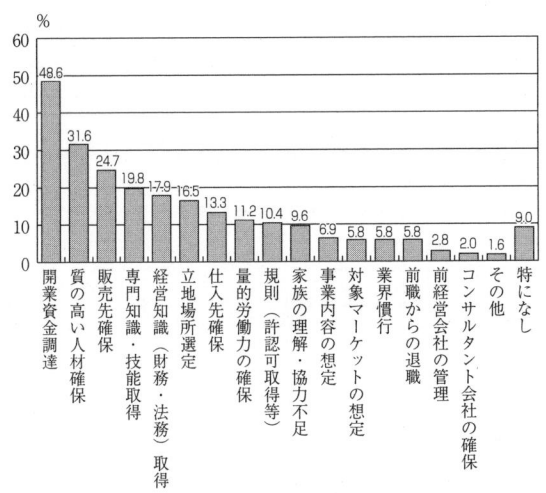

図・2　企業設立時問題項目
出典・中小企業庁『中小企業白書（2007年度版）』第1-2-17図
「創業・開業の準備期間中の苦労」を基に筆者が一部改定、グラフ作成
（注）このデータは複数回答で行っているため、合計が100を超える。

　また、企業設立時の資金調達先についてであるが、中小企業白書2007年度版のデータによれば、自己資金が約7割を超えている。一方で、公的機関からの借入やベンチャーキャピタルからの出資金は、それら2つを合算しても2割を切る値を示している（図・3　企業設立時資金調達先　参照）。これらのデータから、企業設立時の最重要課題はやはり資金であるが、その調達先は自己資金が大半を占めていることがわかる。すなわち、先に述べたように、1983年から1986年にかけて相次いでベンチャーキャピタルが設置され、また1995年以降、ベンチャー企業支援のための諸制度が制定された

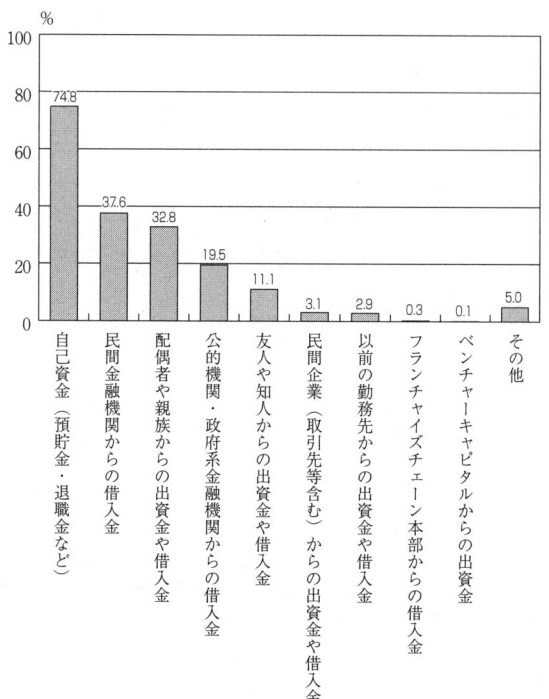

図・3 企業設立時資金調達先
出典・中小企業庁『中小企業白書（2007年度版）』 第1-2-18図 「創業・開業前に利用した資金調達先」を基に筆者が一部改定，グラフ作成
（注）このデータは複数回答で行っているため，合計が100を超える。

が，資金面だけでいえば，ベンチャー企業による調達活動は依然厳しい状況であるといわざるを得ない。

　ベンチャー企業設立時においては，資金以外にもさまざまな経営資源上の問題が存在する。特に，優れた人材の確保は創業期における大きな課題の一つである。社会的知名度がある大手企業と比較す

ると，業歴・社会的認知度ともに低いベンチャー企業が，希望する人材を十分に確保することは難しいといわざるを得ない。通常，ベンチャー企業においては，資金的な余裕も人材育成のための時間的余裕もないために，すべての分野において即戦力となる人材を求める傾向にあり，人事採用は必然的に中途採用が中心となる。しかしながら，終身雇用の神話が崩壊しつつあるとは言え，未だ大企業志向が強い日本の社会においては，大手企業からの人材流動は未だにスムーズではなく，ベンチャー企業の人材獲得はますます困難を極めている。2007年度の『中小企業白書』によれば，創業から現在までの経営上の最も困難な課題の一つとして，人材確保の問題が挙げられている（図・4 中小企業経営課題 参照）。一般に，ベンチャー企業にとって，必要な人材の種類はベンチャー企業の置かれているステージによっても異なってくる。たとえば，設立初期企業であれば，営業，販売，製品開発の人材が必要となり，設立後数年経過し，事業拡大の成長期に入れば，財務担当の人材も必要となる。さらに，IPOを考慮するようになれば，マネジメントの経営企画能力や意思決定能力の強化を考慮に入れた人材補強を考えねばならない。中小企業総合研究機関の2005年度のデータにおいても，これを裏付けるデータが示されている（図5・ベンチャー企業における必要とする人材 参照）。営業・販売を担当する人材に対する必要性はベンチャー企業のステージにかかわらず高い値を示しているが，設立初期とIPO後の値を比較すると，明らかにIPO後における必要性は少なくなっている。また，成長期においては，企業の成長のために専門的に資金運用が行える人材を求め，IPO後においては，管理，企画，

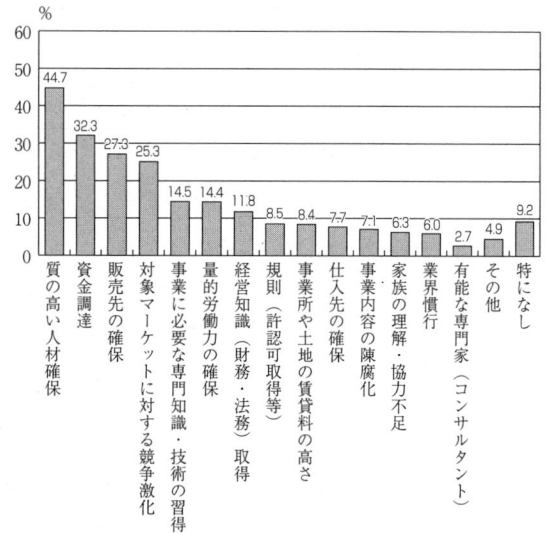

図・4 中小企業経営課題
出典・中小企業庁 『中小企業白書（2007年度版）』 第1-2-20図 「創業・開業後現在までの経営上の課題」を基に筆者が一部改定，グラフ作成
（注）このデータは複数回答で行っているため，合計が100を超える。

経営戦略を行える人材を必要としていることがわかる。

　以上，日本におけるベンチャー企業経営の現状を，マクロ視点とミクロ視点の両面から概観した。国を挙げたベンチャー振興政策の充実により，日本にベンチャー企業という概念が導入された1970年代当初に比較すると，今日，ベンチャー企業設立のための制度環境はかなり整ってきたといえよう。しかしながら，ミクロ的視点でみると，日本のベンチャー企業は，資金面や人材獲得において，依然厳しい現実に直面していることがわかる。さらに，こうした現状

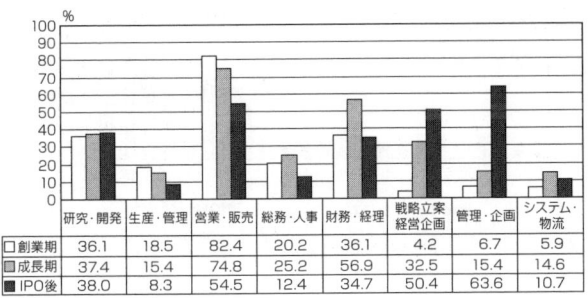

図・5 ベンチャー企業における必要とする人材
出典・中小企業総合機構　平成17年度
「中小企業総合機構によるベンチャー企業の経営戦略に関する研究調査」に筆者が加筆

(注) このデータは複数回答のアンケート結果である。

をまた別の視点から考察すると，投資価値があり（市場が高く評価する），なおかつ人材の流動を促すような魅力的なベンチャー企業やビジネスアイデアが，日本においては，未だ数多くは育ってきていないとも考えられるのである。

4節　日本のベンチャー企業の倒産とIPOの割合

それでは，次に，日本のベンチャー企業の倒産とIPOについて概観してみよう。日本におけるベンチャー企業の倒産データとして，ここでは帝国データバンクが調査を行ったデータ「2004年のベンチャー企業倒産動向調査」を取り上げる。この調査は，1982年1月から2004年9月までの「全国企業倒産集計」の中から，ベンチャー企業を抽出し，その件数の推移と倒産の内容を調査したものである。この調査データによると，倒産件数推移（図・6　ベンチャー

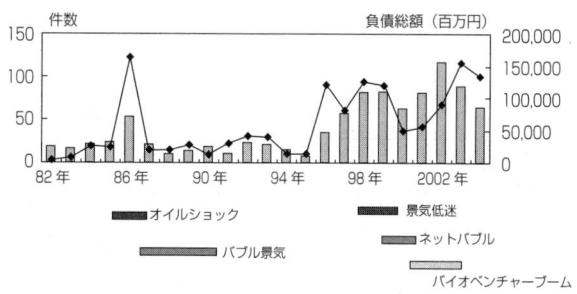

図・6 ベンチャー企業倒産推移
出典・帝国データバンク 「ベンチャー企業の倒産推移」から抜粋

企業倒産推移　参照）は2002年117件の倒産数をピークに，2003年89件，2004年65件と減少傾向にある。しかしながら，第2次ベンチャーブームが終焉を迎えた83年の第2次石油ショックの年，バブル崩壊にともない企業および金融機関の経営が低迷し始めた98年・99年においては，ベンチャー企業が全倒産に占める割合は高い値を示している。逆に，バブル景気が始まった1986年から1991年，インターネットバブル，バイオベンチャーブームの1999年から2000年の間においては，ベンチャー企業の倒産数は少なくなっている。また，倒産における負債総額は，第2次ベンチャーブームの終焉時においては，高い額を示しているが，バブル崩壊，インターネットバブル，バイオベンチャーブームの終焉時においては，比較的小さな値を示している。これらの数値から，もともと財務基盤が弱いベンチャー企業は，他の既存の大企業よりもマクロ経済環境の変化に影響を受けやすいことがわかる。とはいえ，日本国内の景気が回復し始めた2002年以降のベンチャー企業倒産比率を比較

してみると、過去のベンチャーブーム終焉時よりもベンチャー企業の倒産比率は高く、特に景気回復基調の只中にあった2004年においては0.61％の倒産率と調査始まって以来の最高値を示している。すなわち、経済が回復基調にあっても、ベンチャー企業は大企業とは異なり、マクロ経済の好転がただちに業績回復には結びついてはいないと考えられるのである。

次に、ベンチャー企業の倒産業歴別分布（図・7　ベンチャー企業業歴別倒産件数分布比　参照）およびベンチャー企業倒産業種別分布（表1・ベンチャー企業業種別倒産件数分布・2004年　参照）の2つのデータを見てみよう。2004年累計のベンチャー企業倒産データでは、4社に1社が設立から5年未満で倒産しており、その構成比は全体の26.2％となっている。また、5年から10年未満の倒産も構成比15.4％と全倒産比の12.5％を上回る値を示している。累積すると約40％が10年未満で倒産し、約60％のベンチャー企業が20年をもたずして経営破綻をしているという現状が確認できる。これらのデータから、日本においては、明らかにベンチャー企業は創業初

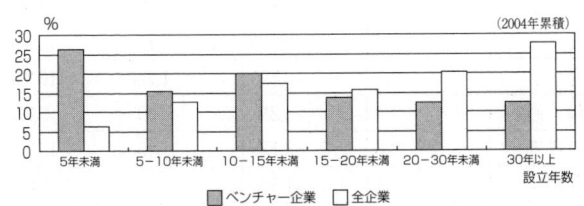

図・7　ベンチャー企業業歴別倒産件数分布比
出典・帝国データバンク　「ベンチャー企業における業歴別倒産数分布」から抜粋

期に倒産するケースが多いことがわかる。また、逆に、これらのデータから、ベンチャー企業が10年以上倒産をせずに経営を継続させた場合、その後は（11年目以降は）経営基盤が確立し、倒産の可能性が低くなるという事実も示唆され得る。つまり、ベンチャー企業の長期的成長にとっては、創業初期段階ならびに企業成長期段階において経営基盤を確立することが、きわめて重要であることがわかる。

次に、倒産したベンチャー企業の業種について、同じく2004年に帝国データバンクが行った調査データから明らかにしてみよう（表1・ベンチャー企業業種別倒産件数分布 2004年 参照）。このデータは2004年における倒産したベンチャー企業の累積数であり、その数は全体で65社となっている。このデータから、ベンチャー企業の倒産数構成比では、製造業の倒産割合が比較的高いことが読み取れる。一般に、製造業ベンチャーは、独自の技術を基にした、独

表・1 ベンチャー企業業種別倒産件数分布・2004年累積

	ベンチャー	構成比	全倒産比	構成比
建設	1	1.5%	3,151	29.7%
製造	20	30.8%	1,585	14.9%
卸売	4	6.2%	1,754	16.5%
小売	7	10.8%	1,726	16.3%
運輸・通信	4	6.2%	395	3.7%
サービス	28	43.1%	1,455	13.7%
不動産	1	1.5%	407	3.8%
その他	0	0%	130	1.2%
合計	65	100.0%	10,603	100.0%

出典・帝国データバンク

自性・創造性ある製品開発を差別化の核にしている。そのようなベンチャー企業は，当然のことながら，独自の技術開発・研究開発，製品開発にかけるコストが販売活動コストと販売利益に先行する傾向にある。そのため，製品化および製品の市場浸透に時間がかかると，簡単に収支のバランスが崩れ，さらに，財務状況が圧迫される事態を招くと推測される。

次に，ベンチャー企業における倒産の主因別件数分布の 2004 年データ（表・2 倒産企業の主因別比較 2004 年　参照）と 2002 年データ（表・3 倒産企業の主因別比較 2002 年　参照）を見てみよう。これらにおけるベンチャー企業倒産データと全倒産データを比較すると，「経営計画の失敗」「設備投資の失敗」「新製品開発の失敗」の各項

表・2　倒産企業の主因別比較 2004 年

	ベンチャー	構成比	全倒産	構成比
販売不振	29	44.6%	7,087	66.80%
経営計画の失敗	12	18.5%	227	2.10%
売掛金の回収難	4	6.2%	226	2.10%
企業系列・下請けの再構成	3	4.6%	91	0.90%
放漫経営	3	4.6%	754	7.10%
設備投資の失敗	3	4.6%	163	1.50%
新製品開発の失敗	2	3.1%	17	0.20%
不良債権の累積	1	1.5%	125	1.20%
業界不振	1	1.5%	482	4.50%
経営者の病気・死亡	1	1.5%	155	1.50%
人材の不足	1	1.5%	10	0.10%
その他	5	7.7%	1,266	11.90%
合計	65	100.0%	10,603	100.0%

出典・帝国データバンク

表・3 倒産企業の主因別比較 2002 年

	ベンチャー	構成比	全倒産	構成比
販売不振	32	43.2%	7,792	66.7%
経営計画の失敗	9	12.2%	187	1.6%
放漫経営	9	12.2%	935	8.0%
新商品開発の失敗	6	8.1%	14	0.1%
業界不振	4	5.4%	521	4.5%
設備投資の失敗	3	4.1%	183	1.6%
不良債権の累積	2	2.7%	239	2.0%
売掛金回収難	1	1.4%	315	2.7%
その他	8	10.8%	1500	12.8%
合計	74	100.0%	11,686	100.0%

出典・帝国データバンク

目においては，全企業倒産の主因構成値より，ベンチャー企業倒産の主因構成値の方が高い値を示す。そのなかでも顕著に高い値を示しているのが，「経営計画の失敗」である。既存の知見では，ベンチャー企業が倒産しないための原則[12]としては，「フェーズ管理を戦略的に行う」「知恵以外のものは，アウトソーシングする」「初年度から黒字を計上する」「出口戦略を明確に持つ」「ビジネスドメインを絞り込む」といったことが挙げられている。しかしながら，表2・表3のデータを見る限り，「販売不振」が原因で倒産した企業の割合は，倒産したベンチャー企業全体の4割以上を占めている。以上から，日本におけるベンチャー企業倒産原因の最も大きな外的要因は，「販売不振」すなわち市場不適応であると考えられるのである。

また，ベンチャー企業と既存大企業・中小企業の倒産主因の構成比を比較すると，ベンチャー企業においては，内的要因である「経

営計画の失敗」「設備投資の失敗」「新製品の失敗」の構成比がきわめて高いことがわかる。これら3つの倒産理由は，経営者の戦略的な能力の欠如により生ずるものと思われる。たとえば，一般に成功する起業家は，新事業遂行の障害となる情報を早めに探知し，万一の場合に備えて換金し難い（換金して回収できる可能性が低い）資産への投資を最小限にする[13]といわれている。つまり，設備資産の購入を止めて，レンタルかリースに切り替える，固定費ではなく変動費[14]に投資するなど，柔軟な経営資源管理[15]を行い，リスクの軽減に努めようとするのである。こうした指摘を踏まえれば，今日，日本のベンチャー企業の経営者や経営に参画している人材は，さらに経営管理能力あるいは経営スキルを磨く必要に迫られていると思われるのである。

　以上，ベンチャー企業における倒産数と業種別数，倒産主因等について述べてきたが，逆に，成長の結果，株式公開つまりIPOを行える段階までに発展するベンチャー企業も存在する。次に，2000年から2006年までの7年間における新興市場別IPO件数の推移（表・4　新興市場別・IPO件数推移　参照）および全IPO件数の新興市場別シェアの推移（図・8　IPO件数シェアの推移　参照）を示す。

　表4が示す通り，2000年から2006年における新興市場のIPOは毎年100件以上行われている。また，図8から，過去6年間におけるベンチャー企業のIPOは，その約7割以上がジャスダックまたは東証マザーズにおいて行われていることがわかる。

　ジャスダックおよび東証マザーズにおいてIPO件数が多い理由は幾つか考えられる。ジャスダックは1963年に設立され，1983年

表・4　新興市場別・IPO件数推移

取引所	2000年	2001年	2002年	2003年	2004年	2005年	2006年
JASDAQ	97	97	68	62	71	65	56
東証マザーズ	27	7	8	31	56	36	41
大証ヘラクレス	33	43	24	7	16	22	37
名証セントレックス	0	0	0	0	5	13	13
福岡Qボード	0	0	0	1	1	2	4
札証アンビシャス	0	0	0	0	1	1	4
合計	157	147	100	101	150	139	155

出典・あずさ監査法人・各取引所資料を基にQUICK作成

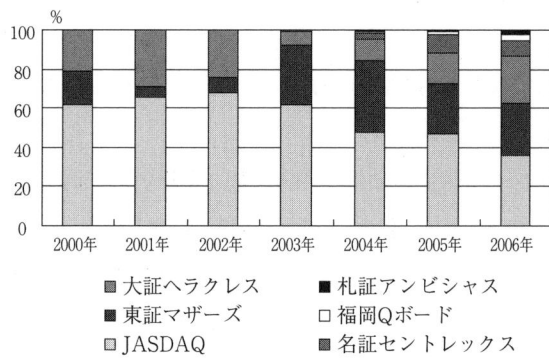

図・8　IPO件数シェアの推移
　　　出典・あずさ監査法人・各取引所資料を基にQUICK作成

に中堅ベンチャー企業向けの株式流通市場として生まれ変わった日本最大のベンチャー市場である。ジャスダックの特徴は，サービス業，流通業，ハイテク産業だけでなく，商品先物取引業，ライフケア業等，多彩な業種が公開を行っている市場である。また，公開企業は全国規模で点在しており，企業ブランドの知名度がなくとも将

来性に優れた企業が多い。ジャスダックは，上場基準として，株主数，利益，純資産額，上場時価総額等を設けているが，公開希望企業の創業年数は問わない。こうした点もベンチャー企業に好まれる理由と考えられる。

　ジャスダックと同様，ベンチャー企業の多くが IPO を行う東証マザーズは，ジャスダックとはまた異なった特徴のある新興市場向けの取引所である。東証マザーズは，成長性が期待される企業の早期株式公開を可能とするために審査期間の短縮，上場手続きの短縮化を重要視している新興市場向けの市場である。具体的には，「成長性」「流動性」「迅速性」「透明性」の4つが特徴として挙げられる。まず，一つ目の成長性であるが，東証マザーズは業種に関係なく成長性が期待される企業を上場対象としており，特に，優れた技術・ノウハウを持つ企業に注目しているため，極端な見方としては，成長性がある企業はすべて上場の対象となりえるのである。2つ目の特徴である流動性についてであるが，東証マザーズは株式の流動性を重視しており，上場申請日から上場日前日までに，最低500単位以上の公募を行うこと，また，特別利害関係を除き，1単位以上の株式を保有する株主を新たに300人以上作ること，さらに，上場日に時価総額が10億円以上の見込みがあるということを上場の条件としている。迅速性に関しては，東証マザーズは成長性が高い企業を対象としているため，利益等の財務数値基準を設けていない。また設立年数も不問である。このように，審査条件が比較的緩いため，上場審査期間も1ヵ月半と非常に短期間となっている。透明性については，四半期業績の公表と，年2回の会社説明会を義務付けてい

る。このような4つの特徴から、ベンチャー企業にとってはIPOを行いやすい市場であると同時に、この市場においてIPOを行うことで企業の成長性・将来性を市場から認知されることが可能となるのである。

次に、IPOにより得られるメリットであるが、最大のメリットは知名度と信用の獲得である。起業初期のベンチャー企業は、当然のことながら、市場においても社会的にも無名である場合がほとんどである。そのため、資金調達、製品販売、人材獲得、顧客獲得において困難に直面するケースが多々ある。しかし、IPOが知名度の向上につながり、ひいては市場・社会からの信用を獲得し、上記のような経営戦略上の諸活動が行いやすくなると考えられる。また、企業認知度の向上により、優れた人材の獲得をスムースに行い得るという利点もある。

5節　まとめ

本章では、「ベンチャー企業の現状」として、ベンチャー企業の定義、歴史、現状、倒産、IPOの割合などについて述べた。

ベンチャー企業の定義についてであるが、日本におけるベンチャー企業の定義は一つではなく、多くの先駆者たちがベンチャー企業について、さまざまな定義を行っているのが実情である。そこで、これら諸定義の中から、「リスク」「革新性」「成長」「アントレプレナーシップ」といった共通のキーワードを抽出し、さらにはベンチャー企業における技術の役割を考慮し、技術系ベンチャーの定義付けを行った。その結果、本研究では、技術系ベンチャーの定義

を「独創的な技術を持ち，その技術を製品・サービス化し，B to B 市場において適応を図る企業」とした。

さらに，1970年代以降のベンチャー企業の現状について，マクロとミクロの視点から考察を行い，日本のベンチャー企業の特質について検討した。その結果，日本のベンチャー企業の特徴として次の2つが見出された。特徴の一つ目は，日本にはベンチャー企業を支援する個人投資家・エンジェルの数が極端に少なく，それがベンチャー企業の弱点である資金面に大きな影響を及ぼしていることである。二つ目としては，人材の流動性（他企業からの人材の出入り）に乏しいことが挙げられる。この傾向は大企業になるほど強く，特に，大企業からベンチャー企業への人材流動は，現在なお乏しい状況にあることが明らかとなった。

最終節では，ベンチャー企業における倒産とIPOの割合について考察した。まず，ベンチャー企業の倒産についてであるが，帝国データバンクの調査データから，ベンチャー企業の倒産は国内外の社会・政治・経済情勢の影響を強く受けること，企業設立10年未満で倒産する傾向が極めて強いことが明らかとなった。そして，一般企業倒産とベンチャー企業の倒産を比較してみると，製造業，サービス業がベンチャー企業の全倒産の7割を超えている事実が判明した。さらに，これら一般企業とベンチャー企業の倒産理由を比較してみると，両者ともに「販売不振」が倒産理由の大半を占めているが，ベンチャー企業に特に目立つ倒産理由として，「経営計画の失敗」「設備投資の失敗」「新製品開発の失敗」の3つが挙げられた。

IPOについては，2000年から2006年における新興市場のIPOは

毎年100件以上行われており，それらの約7割以上がジャスダックまたは東証マザーズへの上場であることが明らかとなった。IPOのメリットは，「認知度」と「信用」の獲得である。

注

1) J・A・シュンペーター著／清成忠男訳『企業家とは何か』東洋経済新聞社　1998年　p.154
2) 金井一頼・角田隆太郎『ベンチャー企業経営論』有斐閣　2002年　pp.2-4
3) 松田修一『ベンチャー企業』日本経済新聞社　1998年　pp.16-17
4) 清成忠男『ベンチャー・中小企業優位の時代　新産業を創出する企業家資本主義』東洋経済新報社　1996年　p.78
5) 金井一頼・角田隆太郎　前掲書　p.3
6) アナリー・サクセニアン著／大前研一訳『現代の二都物語―なぜシリコンバレーは復活し，ボストン・ルート128は沈んだか』講談社　1995年
7) 宮脇敏哉『ベンチャー企業マーケティングと経営管理』同友館　2006年　p.15
8) 松田修一　前掲書　p.20
9) 同上書　p.22
10) 金井一頼・角田隆太郎　前掲書　p.7
11) 相田利雄・小川雅人・毒島龍一『新版・現代の中小企業』創風社　2002年　p.252
12) 前田 昇「ハイテクベンチャー成功のビジネスプランニング」『電子材料』2002年2月
13) スコット・A・シェーン著／スカイライトコンサルティング訳『プロフェッショナル・アントレプレナー』英治出版　2005年　p.248
14) 同上書　p.249
15) 同上書　p.251

3章　技術系ベンチャー企業のマーケティング

1節　研究対象としての技術系ベンチャー企業

　前章において定義したように，本研究における「技術系ベンチャー企業」の定義は，「独創的な技術を持ち，その技術を製品・サービス化し，B to B 市場において適応を図る企業」である。次に，具体的研究対象となる技術系ベンチャー企業についてであるが，本研究では，これを「設立 1980 年以降における，独自の技術を持ち，先端技術による製品開発を行う技術開発型の電子・機器，精密機器を中心事業とする企業」とする。研究対象を設立 1980 年以降の技術系ベンチャー企業とした理由は 2 つある。

　一つは，日本のベンチャー企業発展の歴史的背景を踏まえた結果である。先述したように，日本には 1970 年代から 1990 年代にかけて，ベンチャーブームが 3 度起きている。そのなかの第 2 次ベンチャーブームは石油ショック後の 1983 年から 1986 年にかけて起きた。この時代，日本の産業構造は，それまでの重厚長大産業中心型から，消費市場を志向した応用技術中心型もしくは第 3 次産業中心型へ急速に転換した。さらに，このベンチャーブーム期と時を同じくして，ジャスダックの上場基準緩和，金融緩和，さらにはベンチャーキャピタルの設置が行われた。ベンチャー企業への投資増加やベンチャー企業における資金面での改善が行われた結果，事業発展意欲を持った研究開発型のベンチャーが相次いで起業したのである。すなわち，第 2 次ベンチャーブームの背景としては，規制緩和

と投資の活発化による新規事業意欲の高まりが考えられる。ゆえに，第2次ベンチャーブームが起きる1983年から数年前に設立している企業であれば，ベンチャー企業としての姿勢を持ち合わせていると考え，研究対象を1980年以降に設立された企業に限定した。

2つ目の理由としては，本研究がハイテク産業を取り扱う技術系ベンチャー企業を対象としているという点が挙げられる。先にも述べたが，本研究において取り上げようとしている電子・機器，精密機器分野における技術ベンチャーは，その多くが1980年代以降に起業した。特に，ベンチャースピリットを持って技術開発に取り組む開発型のベンチャーは，その多くが1980年代に登場した。それより以前に設立された企業については，ベンチャー企業というよりも，中小企業としての位置づけの方が適切と考えられよう。以上2つの理由から，研究対象を1980年以降の技術系ベンチャー企業とすることとした。

2節　技術系ベンチャー企業の適応市場

次に，技術系ベンチャー企業が適応し成長していくべき市場の条件について考えてみたい。はじめに，適応しやすい市場の4つの条件[1]について明らかにする。次に，それらの条件をすべて備えた業界として電子・機器，精密機器を取り上げ，それら条件との適合性を考察する。技術系ベンチャー企業が適応しやすい市場の条件としては，①製品のライフサイクルが速い，②市場規模が大きい，③今後，市場の成長が見込まれる，④業界が細分化されているの4つが挙げられる。

まず，一つ目の条件，「製品ライフサイクルが速い」についてであるが，日本の電子・機器，精密機器業界は，四半期毎に新製品が販売される業界であり，製品のライフサイクルはきわめて速い。製品ライフサイクルが速いということは，市場の成長が速く，製品の新規需要創造および拡大の機会がそれだけより多く存在していることを意味している。さらに，それは同時に，利益獲得機会の増加を意味している。一方で，製品ライフサイクルの考え方に沿えば，ニーズに適応した製品を的確に判断し，タイムリーに市場に届けなければ，製品は顧客に認知されず，コスト負担のみが大きくなる。結果，一般には資金力が潤沢ではない技術系ベンチャー企業では，製品開発における一回の判断ミスが倒産リスクを高めることになり得るのである。

2つ目の条件，「市場規模が大きい」について検討する。繰り返しになるが，技術系ベンチャー企業の最大の弱点は資金面である。そのために，技術系ベンチャー企業が成長しつつ資金面の改善を図っていくためには，ターゲットとする市場はある程度規模をもつものでなければならない。狙う市場の規模が小さい場合，製品が売れたとしても，短期間で資金不足を解消することは難しい。そうでなくとも，技術系ベンチャー企業は，製品開発にコストがかかり，製品の専門性が高いため，企業や製品が市場に認知されるまでの期間，売上が全く見込めない時期を経験することも少なくない。そこで，ターゲットとする市場規模が小さく，収益が見込めない市場においては存続が難しくなるのである。反対に，顧客需要の大きさは技術系ベンチャー企業の経営戦略にとってはプラスであり，市場が

また，技術系ベンチャー企業が顧客ニーズに適応した新製品を開発・生産するためには，製品開発初期における研究開発・設備投資の費用負担が大きいが，それらは固定費として支出しなければならない。製品1個あたりの原価には一定の割合でこうした固定費が含まれる。したがって，1個当たりの固定費を下げるためには，規模の経済が働く総需要の大きな市場が必須なのである。たとえば，本研究において調査対象としている半導体の市場規模は2006年2477億ドル（WEST　2006年）であり，1ドル120円として日本円に換算すると約30兆円となる。さらに，半導体製造装置の市場規模は404億ドル（国際半導体製造装置材料協会　2006年）であり，これは日本円で約5兆円となり，2つの市場規模を合わせると約35兆円規模の巨大市場となる。

　次に，3つ目の条件，「今後，市場の成長が見込まれる」について見てみよう。先に述べた一つ目の条件，「製品のライフサイクルが速い」にも重なるが，技術系ベンチャー企業にとっては，低成長市場より急成長市場の方が適応はしやすいのである。これまでの研究においても，市場の成長が速ければ，ベンチャー企業が既存企業から顧客を奪取する必要性は少なくなると述べられている[3]。そして，既存競争企業からの顧客奪取を行う必要性が低くなれば，技術系ベンチャー企業は，新規需要の開拓に限られた資源を集中させることができるようになるのである。

　最後に，4つ目の条件，「業界が細分化されている」について考えてみよう。市場が細分化されている業界[4]とは，ベンチャー企

大きければ大きいだけ業績もよくなる可能性[2]がある。

業にとって参入しやすいニッチターゲットが数多く存在している業界と考えることができる。市場が均質的でなおかつ大手企業による寡占化が進んでいる業界においては，ニッチターゲットが存在する割合は低い。そのような市場にベンチャー企業が参入したとしても，（ベンチャー企業が）大手企業に対して競争対抗戦略をとり得る可能性は低い。たとえば，細分化があまり進んでいない業界として，医薬品・バイオ業界が挙げられる。2006年の世界の医薬品市場規模をみると，医薬品市場の約80％が北米と欧州の企業で占められ，世界医薬品市場における日本のマーケットシェアは10％に満たない（図・9　世界の医薬品市場規模　参照）。このような世界的寡占化が進んでいる市場への新規参入は容易ではないと思われる。

　また，日本国内の医薬品・バイオの売上高においても，やはり世

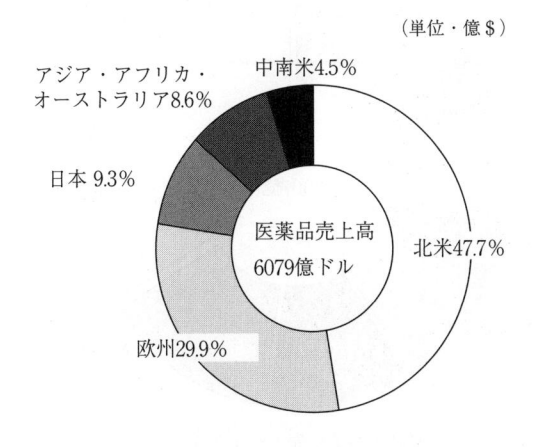

（単位・億＄）

アジア・アフリカ・オーストラリア8.6％
中南米4.5％
日本9.3％
医薬品売上高
6079億ドル
北米47.7％
欧州29.9％

図・9　世界の医薬品市場規模・2006年
出所・IMS

界市場と同様に、少数企業による寡占化が進んでいることがわかる（図・10　日本における医薬品・バイオ売上シェア率　参照）。

これに対し、本研究における調査対象業界である半導体の世界シェアを検討すると、医薬品・バイオ業界とは異なり、市場占有率2位、3位以下に数多くの企業が乱立していることがわかる（図・11　世界の半導体市場シェア率・2006年　参照）。

図11から、医薬品・バイオの世界市場とは異なる半導体業界の特徴として、次の2点が挙げられる。一つは、トップのインテルにおいてもそのシェアはわずかに10％であり、また3位以下の企業のシェアはそのほとんどが5％以下という点である。2つ目に、「その他の企業」の割合が市場全体の約50％を占めている事実である。

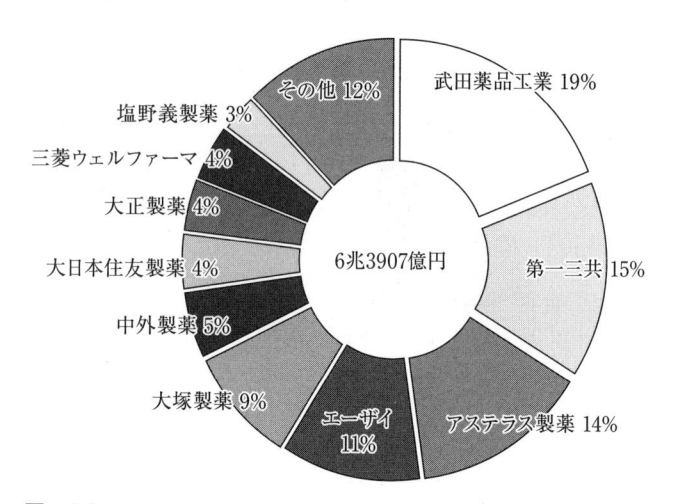

図・10　日本における医薬品・バイオ売上シェア率
出典資料・厚生労働省「薬事工業生産動態統計調査」日経業界地図2008年度版のデータを基に筆者が作成

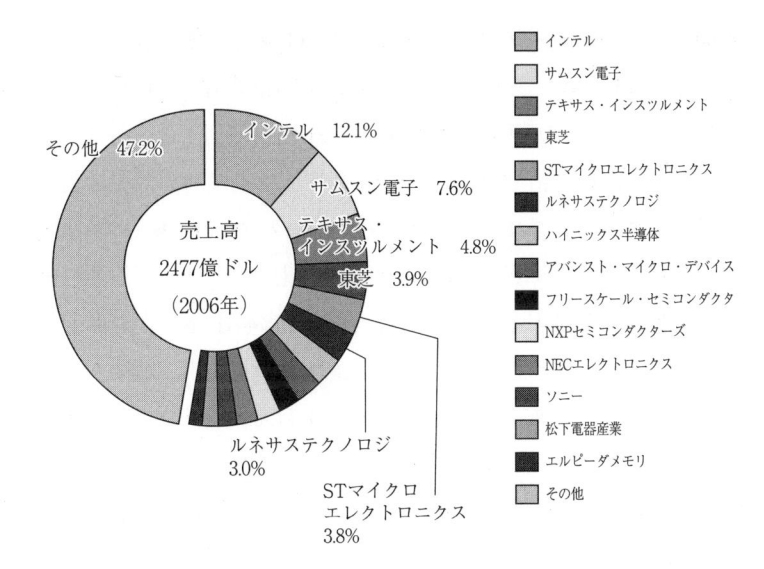

図・11 世界の半導体市場シェア率・2006年
出典・アイサプライのデータを基に筆者が作成

円グラフ内訳：その他 47.2%、インテル 12.1%、サムスン電子 7.6%、テキサス・インスツルメント 4.8%、東芝 3.9%、ルネサステクノロジ 3.0%、STマイクロエレクトロニクス 3.8%（売上高 2477億ドル、2006年）

凡例：インテル、サムスン電子、テキサス・インスツルメント、東芝、STマイクロエレクトロニクス、ルネサステクノロジ、ハイニックス半導体、アバンスト・マイクロ・デバイス、フリースケール・セミコンダクタ、NXPセミコンダクターズ、NECエレクトロニクス、ソニー、松下電器産業、エルピーダメモリ、その他

以上から，電子・機器業界の一つである半導体の市場は，業界が細分化されており，比較的技術系ベンチャー企業が参入しやすい市場であることがわかる。

 以上，技術系ベンチャー企業の市場適応のための4条件をすべてクリアする業界として，本研究では電子・機器，精密機器業界を取り上げ，調査・分析対象とすることとした。それでは，次に，技術系ベンチャー企業の一般的な取引形態であるBto Bマーケティングについて，その特質を見ていこう。

3節 B to B マーケティングと B to C マーケティング

今日の商取引は、一般に、B to C（企業対消費者）と B to B（企業対企業）の2つの取引形態から成る。B to C 取引とは、対エンドユーザーの商取引活動であり、B to B 取引は企業間の販売活動を指す。一般的に、これまでのマーケティング研究は、B to C を中心として発展してきた。しかしながら、技術系ベンチャー企業の市場適応活動を考察するに際しては、企業対企業（B to B）の取引活動におけるマーケティングの特質を改めて確認しておく必要がある。

以下に、B to C 取引と B to B 取引における市場適応活動の相違を示しておく（表・5 B2C マーケティングと B2B マーケティングの違い 参照）。

まず、B to C 取引についてであるが、B to C 取引における顧客ターゲットは、当然のことながら、個人消費者が中心であり、比較的、標的市場の規模は大きい。B to B 取引における顧客関係が「相

表・5 B to C マーケティングと B to B マーケティングの違い

	B to C マーケティング	B to B マーケティング
顧客設定	一般消費者（エンドユーザー）	法人・企業・団体
顧客数・規模	多い・大規模	少ない・小規模
顧客との関係	企業対マス標的が中心	1対1の相対する関係が中心
製　品	標準化された製品が中心	個客に適応させた製品が中心
製品開発	自社調査、開発中心	オーダーメイド中心
価格設定の重要項目	コスト管理中心	品質、性能、顧客ニーズ
流通チャネル	広範な流通	企業独自のチャネル構築
プロモーション活動	広範な認知	特定顧客へのアプローチ
プロモーション活動方法	マスメディア・広告・出版物	展示会、学会展示など

出典・ジュリオ・チェザレ・パチェンティ著／高達秋良ほか訳『B2B マーケティング』ダイヤモンド社　2000年　序-7の図表を筆者が簡略化

対(あいたい)の関係」あるいは1対1の関係を中心とするのに対し，B to C 取引における顧客関係は，どちらかといえば，マス標的対企業の関係となる。その結果，B to C 取引の製品開発がマス市場に対して広く標準化された製品開発となるのに対し，B to B 取引の製品開発はオーダーメイド型が中心となる。価格については，B to C 取引においては，顧客が不特定多数の一般消費者であるため，製品の品質と価格設定のバランス（ミックスフィットもしくは整合性）が重要な要素となる。流通については，マスとしての一般消費者を想定しているため，チャネルは，卸業者，小売店を広く仲介させた広範な設定となる傾向が強い。また，プロモーション活動も，流通と同様，一般消費者への広範な認知が中心となるため，一般的には，マスメディアを利用した活動がメインとなる。これに対し，B to B 取引におけるプロモーション活動は，企業ブランド広告は別として，通常，大規模メディアを使う方法は選択せず，展示会や学会展示といった場を利用し，特定顧客の製品認知度やブランド認知度を高める方法をとるのである[5]。

4節　日本のベンチャー企業におけるマーケティング戦略

前章において，筆者は，ベンチャー企業を「独創的な技術を持ち，その技術を製品・サービス化し，B to B 市場において顧客適応化を図る企業」と定義した。こうした定義を踏まえ，本節では，日本におけるベンチャー企業のマーケティング戦略について見ていく。

1) ベンチャー企業の成長ステージと戦略

　まず、ベンチャー企業における適応戦略上の特徴について考察してみよう。通常、ベンチャー企業の市場適応においては、創業初期からの成長段階ごとに外部環境が変化するため、各成長段階における考察が必要となる。特に、スタートアップ時期は、倒産リスクが高く、企業の経営組織管理面における戦略と市場適応戦略とを同時並行的に実行[6]しなければならない難しい時期であるため、注意が必要である。

　ベンチャー企業の成長段階に直接的な影響を及ぼす要因は、外部環境変化である。ベンチャー企業を取り巻く外部環境としては、法制度・政策的環境、経済環境（景気変動等）、社会環境（少子高齢化、人材流出等）、技術環境（情報、バイオ、電子関係等における技術発展）、等が挙げられる。政策の変更あるいは法制度の改廃は、規制緩和や規制強化による市場参入可能性の変化に影響を及ぼす重要な問題である。また、景気動向の変化も、ベンチャー企業の成長プロセスに大きな影響を及ぼす。

　それでは、ベンチャー企業の成長段階を、スタートアップ期、成長期、IPO前期の3つのステージに区分し、各成長段階のマーケティング戦略について考察してみよう。

① ベンチャー企業のスタートアップ期の戦略

　まず、スタートアップ期の戦略であるが、ベンチャー企業のスタートアップ期は、固定客、経営資源が乏しい状態にある[7]。そうした状況下で、自社製品の認知向上のための活動を広範に行うこと

は難しい，必然的に顧客となるターゲットを厳密に絞り込む必要が出てくる。中小企業総合機構の調査では，ベンチャー企業のスタートアップ期に必要な人材として営業，販売における人的資源を挙げているが（図・5　ベンチャー企業における必要とする人材　参照），これは，ターゲットの十分な絞込みを行った後に，固定客獲得のための戦略として，営業・販売の強化を行うべきという意味である。また，資源が潤沢でないことから，製品開発，プロモーション活動についても一定の制約を受けざるを得ず，複数の製品開発や複雑な過程を含む開発，マス広告の実施などの方策を採ることは難しいと考えられる。

　ゆえに，ベンチャー企業のスタートアップ期の戦略としては，たとえば，プロモーション活動においては，ターゲットを十分に絞り込んだ上で，パブリシティや展示会，製品説明会の実施等を行うことが適当と考えられる。特に，パブリシティは，商業広告の出稿に比較すると，コストがかからないというメリット[8]と第三者機関による情報発信のため，信用度の向上にもつながるというメリットがある。

　ベンチャー企業におけるスタートアップ時は，ベンチャー企業の弱みである資金面が最も強く露呈される時期である。それゆえ，スタートアップ期のベンチャー企業は，ターゲットを十分に絞り込んだ上で，マーケティング活動を実施しなければならない。

② 成長期におけるベンチャー企業戦略

　ベンチャー企業にとって成長期は，市場において本格的な適応行

動を行うための時期である。つまり,ベンチャー企業の製品やサービスが,今後,市場で適応するか否かを決定する分岐点が成長期であると考えられる。また,この時期は,スタートアップ時に比べると,ある程度,資金面での改善が行われている。そこで,ベンチャー企業は,この時期に,自社の製品・サービスが顧客ニーズに適応しているか否かを再確認すると同時に,ターゲット設定,価格戦略,プロモーション活動等他のマーケティング手段についてもその再構築を検討すべきである。

また,ベンチャー企業にとっての成長期は,研究資金獲得,設備投資の実行,販売網拡大のための時期[9]であるとされているが,実際には,ベンチャー企業の倒産理由としてはこの時期における経営計画の失敗(設備投資・新製品開発の失敗)が主たる理由として挙げられていることから(表・2 倒産企業の主因別比較2004年／表・3 倒産企業の主因別比較2002年 参照),この時期のベンチャー企業にとっては,まず市場適応を確実なものにすることが何よりも重要と考えられる。

また一般的に,新製品の成長期においては,新製品や新サービスの購入により生活に変革を起こそうとする顧客(アーリー・アドプター)よりも,不便・不自由等の改善を目的とする顧客(アーリー・マジョリティー)の方が,ターゲットとしてはより大きな顧客層を形成していることが知られている。そして,不便・不自由等の改善を目的とする顧客(アーリー・マジョリティー)層は,今まで使用してきた製品・サービスから新たに購入する製品・サービスに乗り換える際に,それら2者の間の連続性を重要視する傾向にある。し

かしながら，既存顧客が新製品を採用する際，これまでのテクノロジーと新たなテクノロジーの不連続性を自ら克服することは容易ではない。売り手の側も，製品の乗り換えにより不便・不自由を改善しようとしている顧客層（アーリー・マジョリティー）に対して，新製品をより使いやすい形で提供することができない。その結果，ベンチャー企業は，本来最も大きな購買層を形成しているアーリー・マジョリティーにうまく適応することができず，止む無く，生活改善のために新技術を利用しようとする少数派のアーリー・アドプター[10]を頼りにせざるを得ないのである。そして，アーリー・マジョリティーではなく，アーリー・アドプターに頼らざるをということは，すなわち，最も重要なメインターゲットにおける適応活動の失敗を意味しているのである。

　このことから，成長期のベンチャー企業においては，自社の製品のターゲットを十分に絞った上で，顧客が現在の製品に感じている不便や不自由をうまく捉え，新製品を顧客へ提供することが必要であると考えられるのである。顧客ニーズの探索において重要なことは，「顧客が絶対に必要とするもの」「あるとよいもの」「不必要なもの」を見分けることである[11]と言われている通り，ベンチャー企業が，限られた資源のなかで顧客ニーズを探し当てるのは容易ではない。しかしながら，逆にこの成長期において，ベンチャー企業が本当の顧客ニーズを発見し得たならば，その後の成長に大きなプラスになることはいうまでもない。

③ IPO 前のベンチャー企業における戦略

IPO 前の時期においては，営業，販売，技術，財務等の人材が揃い，ベンチャー企業が経営組織として機能し始める。また，収益も一定規模になり，資本金の改善も行われ始める。この時期には，IPO 準備としての資金調達や人材配置，組織構築が行われ，市場においても需要増大を目指したマーケティング戦略が実行される。ベンチャー企業が IPO を行う理由としては，市場におけるさらなる認知度の向上，弱点である資金調達の改善，他企業からの信用力向上等が挙げられる。しかしながら，IPO は経営のゴールではなく，また，IPO がもたらすデメリットも十分に考えねばならない。たとえば，IPO を行うための資金や，人材補強とそれにともなう人件費の確保といった支出面も考慮に入れねばならない。ターゲットとしている市場が低成長な市場であれば，IPO の能力があったとしても IPO を行わない方が，メリットが大きいという場合もあり得るのである。IPO を敢えて行わずに，製品・サービス，経営企画，経営管理等における人材の強化に資金を投資し，市場適応を図ることの方が，十分に戦略的であるという場合も考えられる。ベンチャー企業は，IPO のメリットとデメリットを慎重に検討した上で，IPO を行うか否かを選択する必要がある。

2) 技術シーズと製品の独立性と汎用性

さて，上記，ベンチャー企業のマーケティング戦略に関連して，ベンチャー企業の強みである新製品やそれを生み出す技術シーズについてさらに考えてみたい。

ベンチャー企業にとっての「強み」である新製品やそれを生み出す新たな技術シーズは，いうまでもなく，「弱み」である経営資金と密接な関係にある。ゆえに，「強み」をさらに拡大・強化しようとすれば，弱みをさらに助長させてしまうリスクが発生する。そこで，ベンチャー企業が「強み」である新製品およびそれを生み出す技術シーズを活かし「弱み」である資金面のリスクを最小限にするためには，資金面での参入障壁が高くなく，かつ価格競争の回避が可能な市場を選択する必要がある。そのためには，開発する製品には複雑な技術を多く含まず，しかも製品自体に汎用性が求められる。

　ベンチャー企業にとって望ましいのは，独立したテクノロジーに基づいて新しい製品やサービスを創造する場合である[12]といわれているように，ベンチャー企業の製品開発には，複雑な工程，複数の技術の組み合わせは不向きである。複雑な工程，複数の技術の組み合わせを必要とする製品では，製品開発費，設備投資，人材教育等にコストがかかり過ぎてしまうのである。

　また，完成した製品が特定の市場にのみ適応する製品である場合，その市場での製品需要が継続的に拡大しなければ，ベンチャー企業の存続を左右する事態にもつながりかねない。こうした場合，もし製品の技術そのものに汎用性があれば，仮に製品が市場に適応できなかったとしても，ターゲットを他の市場に切り替えることで対応が可能[13]となる。さらに，汎用性のある製品であれば，他の市場で大きなシェアを占めている既存製品の代替品とすることが可能となる。一般に，フォロワーの提供する代替品のコスト優位が高まれば高まるほど，リーダー企業の収益性は圧迫される[14]。つまり，

シェアを独占している製品に対して代替品を投入すれば，その市場シェアは変化し，後発企業の製品の需要拡大，認知度の向上，資金面の改善が期待されるのである。以上の理由から，ベンチャー企業には，独立性と汎用性のある新製品開発が求められる。

3) 製品開発における顧客ニーズ適応の重要性

上述した製品の汎用性を確保し，製品開発にともなうリスクを軽減する手段として，既存の製品の延長線上で新製品開発を行うという方法もある。ベンチャー企業が既存市場における需要が確立している製品を所持している場合は，確かにこうした方法も重要であろう。しかしながら，必ずしもベンチャー企業が既に需要がある製品を所有しているとは限らないのである。

やはり，予測可能な製品開発リスクがあれば，市場参入のための十分な調査を実施し，考えられるリスクをできるだけ軽減する（たとえば，製品開発の方向性を修正するなど）ための努力が不可欠かと思われる。そして，その場合，現時点における不確実性のリスクばかりでなく，リアルオプションを分析方法として選択し，開発計画から販売までの時間的な幅のなかでリスクを想定し，将来のリスクをも計算に入れてゆく方が良いと思われる。この方法は，開拓できないマーケットを攻略するために，貴重な資源をすべて注ぎ込んでしまう危険性を回避するのに役立つ[15]。そうした意味からも，前段で述べたように，ベンチャー企業においては，汎用性のある製品開発が望ましいのである。

製品開発リスクを予測し，これを軽減するための調査は，顧客

ニーズの探索に的を絞ったものでなくてはならない。顧客ニーズを軸に，製品の適応を徹底的に検証するアプローチは，健全な経営を実践する上での基本中の基本[16]といわれている。特に，少ない資金投資で製品開発を行うベンチャー企業にとっては，市場参入の前提として，徹底して顧客のニーズを調査し，これを把握することが，既存の大企業にも増して重要となってくる。大企業であれば，1度の製品開発が失敗に終わったとしても，企業存続の危機に立たされる可能性は低いが，ベンチャー企業においては，1度の製品開発の失敗が企業存続の危機に結びつく可能性が高い。また，試験的販売を行う余裕がない場合も多いので，ベンチャー企業の製品開発にとって，事前調査は重要である。実際に，2004年に中小業庁がまとめた事務所，企業向け，個人消費者向けの製品化についての調査では，「需要側の嗜好変化への取り組み」と「売上高」には正の相関があるとの報告がなされている[17]。

4) 日本におけるベンチャー企業の製品開発および市場適応の現状

それでは，実際に，日本のベンチャー企業において，これら上述のポイントを踏まえた製品開発が行われているのか，また，日本のベンチャー企業における製品開発の特徴はどのようなものなのか，以下に考察してみよう。

まず，前出の既存データでは，日本におけるベンチャー企業に顕著な倒産理由としては（表・2　倒産企業の主因別比較2004年／表・3　倒産企業の主因別比較2002年　参照），新製品開発の失敗，設備投資の失敗，経営計画の失敗という3つが挙げられている。また，こ

れら,倒産するベンチャー企業においては,企業設立年数が10年未満の企業が累積で60％を占める(図・7　ベンチャー企業業歴別倒産件数分布比　参照)ことから,企業設立年数の短いベンチャー企業が,製品開発に苦慮している状況がうかがえる。

　また,中小企業総合研究機構が平成17年度に行った調査・ベンチャー企業の成長要因分析によると,上場,未上場企業とも製造業において「新製品・新サービスの開発」が成長要因という答えが約3割を占め,上場企業においては,それに続く成長要因として「新製品・サービスと市場トレンドの合致」が挙げられている。また,情報通信業界,サービス業界における上場,未上場企業においても,「他企業との取引,連携の開始」「新製品,新サービスの開発」「新製品,サービスと時流の合致」が成長要因の上位を占めている。

　これら既存のデータから,設立してからの年数が短いベンチャー企業ほど,製品開発における独立性と汎用性に乏しく,また顧客ニーズへの適応に苦慮していると考えられるのである。

5) ベンチャー企業のプロモーション活動

　ベンチャー企業に限らず,製品やサービス自体に市場価値が見出されたとしても,それだけで製品やサービスの需要を拡大することは難しい。製品やサービスの需要を拡大するためには,顧客の認知が必要となり,そのためにはいわゆるプロモーション活動が不可欠となる。

　プロモーションとは,企業,事業,ブランド,製品の名前と内容を認知・記憶してもらい,需要拡大を図り,実購買につなげるため

のマーケティング手段である。さらに詳しくいえば、単に売上増加を図るという直接的目的のみならず、間接的な目的として、①見込み客に対し既存製品の特徴および、利点を伝える、②企業による新製品発売の手助けを行う、③流通業者に対し、製品の特徴、利点を伝え、取り扱うように仕向ける、④ブランドや企業に対するイメージ・アップの手助けを行う、⑤以上のことを通じて、メーカーの年間生産量を安定させる[18]、という副次的な目的がプロモーションにはある。

マーケティング手段としてのプロモーション活動は大きく分けて、広告、パブリシティ、人的販売、販売促進の4つに分類される。それらプロモーション活動のサブミックス（各プロモーション手段）をベンチャー企業の成長段階の各ステージ（設立初期、成長期、成熟期）にクロスさせ、それぞれの効果を成長段階ステージごとに検討したものが、下記 表・6 である。

この表では、広告、パブリシティ、人的販売、販売促進の4つのプロモーション手段を不適（×）、条件付検討（△）、条件付適切（○）、適切（◎）の4つに分けて評価した。一般的に、ベンチャー企業設

表・6 ベンチャー企業成長段階とプロモーションツールの選択検討

成長段階 ツール	設立初期	成長期	成熟期
広告	×	△	○
パブリシティ	◎	○	○
人的販売	△	○	○
販売促進	△	◎	◎

立初期においては，資金，人材といった経営資源が潤沢ではないという理由から，広告によるプロモーションは適切ではない。また，この時期においては，人的販売，販売促進の実行にもやはりコスト的制約がかかるものと思われる。一方，設立初期のプロモーション活動に適しているものとして，パブリシティ（広報活動）が挙げられる。パブリシティとは，企業のコミュニケーション活動の結果として，メディアや社会の個々の成員たる消費者が自主的に企業の情報を普及させる行為である[19]と定義されているように，これをうまく活用すれば，過大なコストをかけなくとも，製品広告を行うことが可能となるだけではなく，製品の認知度，信頼性が向上させることができるようになると思われる。今日の賢い消費者は，企業による一方的な情報発信に必ずしも全面の信頼を置いているとはいえず，むしろ情報の公正性，中立性に重きを置く傾向にある。パブリシティ化（ニュース化した）した企業情報，製品情報が，公正・中立と見なされる[20]所以である。

ベンチャー企業の成長期においては，設立初期とはまた異なるプロモーション手段の選択が考えられる。成長期のベンチャー企業は，認知度の向上とともに市場における需要およびシェアの拡大を図ろうとする。そのためには，顧客ターゲットを絞った，プロモーション活動を行うことが重要となる。具体的には，所定のターゲットを想定した説明会や展示会，または，印刷媒体を使った広告等の活用が有効となる。

さらに，成熟期のベンチャー企業においては，マーケティングや広報に関わる人材の確保も可能となることから，広告，パブリシ

ティ,人的販売,販売促進等を総合的に活用した,自由度の高い戦略的プロモーション(目的達成のためのプロモーション・ミックスの策定)が可能となってくる。一方で,成熟期においては,競合製品,競合企業が出現してくる可能性があることから,製品の認知度を上げるとともに,差別化のための販売促進策も重要となってくる。

5節 米国のベンチャー企業におけるマーケティング戦略

ここでは,参考までに,ベンチャー発祥の地であり,今なおベンチャー先進国であり続ける米国の状況をそのマーケティング戦略を中心に概観しておこう。

米国ではいわゆる中小企業を,通常,スモールビジネスという言葉を使って表現する。スモールビジネスの特色は,所有・経営の独立性と,当該事業分野での非支配性である。つまり,米国のスモールビジネスは,大企業でない企業体である以上,大企業支配・経営権から独立した存在でなければならないとされている。また,その製品市場やサービス市場において一定の市場占有率を保持していれば,たとえスモールビジネスであっても,その企業は大企業に伍すべき,投資価値のある企業と見なされる[21]のである。これらについては米国のスモールビジネス法にも反映されていて,同法においては,米国の市場は自由競争市場であり,そこでは個々のアントレプレナー(起業家)が主体性を発揮することが何よりも尊重されるという理念がはっきりと示されている。

すなわち,スモールビジネスは,米国の自由競争の重要な担い手[22]と認識されており,ベンチャー企業もそれらの企業集団の

一部として尊重されているのである。従って，米国におけるベンチャー企業（以下，米国ベンチャー企業と略）は，「創業後間もない急成長企業」[23]と明確に定義付けられるのである。

米国ベンチャー企業には，①大学機関と密接な関係を持つ，②多種多様な機関がベンチャー企業を支えるという特徴がある。これらの特徴を踏まえ，米国ベンチャー企業のマーケティング戦略について考察してみよう。

①の「大学機関と密接な関係を持つ」に関していえば，米国ベンチャー企業には，他の地域のベンチャー企業とは異なる優位な点が4つあると考えられる。

一つは，大学機関の豊富な研究，技術のシーズに触れる機会が多くあるという点である。これは，米国ベンチャー企業の新製品，新サービスの開発における大きな強みと考えられる。これらシーズを上手く活用すれば，開発の時間的短縮，コスト削減が可能となるだけではなく，新しい市場開拓が可能となる。また，これら新たな製品，サービスは，新規市場開拓のみならず，既存製品の代替製品として需要を拡大する可能性を持つ。代替製品は，市場の投入機会によっては，市場シェアを覆す可能性を持つ。

2つ目は，スピン・オフによって，新たな企業設立の機会が得られることである。大学から「技術移転」された米国ベンチャー企業は，きわめて専門性の高い技術によって，大企業が事業化することができないニッチ市場での急成長を図ることができる。

3つ目に，大学機関が所有する特許ライセンスの移転と利用によって，新たなビジネスを立ち上げることが可能であるということ

である。いうまでもなく，特許はベンチャー企業においてコア戦略ともなりうるものである。これをベンチャー企業が自ら開発するのではなく，ライセンスとして利用するということは，技術シーズ・研究シーズの発見を行う時間とコストを削除するだけではなく，それらシーズのフレキシブルな活用を可能にするということに他ならない。

4つ目に，大学機関が開催するセミナーやフォーラム等によって，他業種他社とのコミュニケーションの場を得られ，人的ネットワークが広がることである。先に明らかにしたように，ベンチャー企業におけるプロモーション活動は，製品や技術の特殊性（ニッチ性），経営資源上の制約（特に，資金，人材面における）から，大々的なプロモーション活動には馴染まない場合が多々ある。米国の大学あるいは研究機関におけるコミュニケーションは，人的ネットワークを構築するだけではなく，製品プロモーションツールとしても機能するのである。特に，米国のハイテク産業を扱うベンチャー企業が市場適応，成長するためには，同業者あるいは同種の研究者間における口コミつまりバズ（BUZZ）の発生と伝播が重要となる。いわゆるハイテク製品を販売する場合，口コミの効果が全く期待できないと，結果として，販売促進のためのコストが上がり，収益は不安定とならざるを得ない[24]。

米国ベンチャー企業の特徴②は，「多種多様な機関がベンチャー企業を支える」という点である。米国ベンチャー企業には，ベンチャーキャピタル，エンジェル，大学，企業，政府機関など多種多様な機関が関わっている。具体的な例として，政府は，特許，税金

の規制緩和,技術のシーズ移転,インキュベータの設立等を後押しして,ベンチャーキャピタル,エンジェルは,資金投資,経営コンサル等の役割を担う。このように多種多様な機関がベンチャー企業を支え得るのは,有望なベンチャー企業が短期株式公開し,得られたリターンで新たなビジネスを立ち上げるといった資金投資,株式公開,資金回収,新事業への投資といったサイクルが形成,確立されているからである。

上述した米国ベンチャー企業の2つの大きな特徴から,米国ベンチャー企業のマーケティング活動には,「製品開発におけるコスト優位性」「知財活用の自由度における優位性」「資金獲得システムの容易さにおける優位性」「コミュニケーションにおける優位性」が存在していることがわかる。

6節 ベンチャー企業における組織内マーケティング

マーケティングにとって顧客とのコミュニケーションは重要な適応手段であるが,マーケティング目標の達成のためには,組織内におけるコミュニケーションもきわめて重要である。ここでは,組織内マーケティングを広義の意味での組織内コミュニケーションととらえ,ベンチャー企業における組織内コミュニケーションについて考えてみたい。

組織内でのコミュニケーションは,社員間,社員とトップ間,上司と部下間,部署間等において,企業業績向上を目的とし,企業の経営関連情報,経営理念・ヴィジョン,顧客情報,市場情報,情報獲得ルート等の情報を交換し共有化することである。また,こう

した業務上の情報交換ばかりでなく，業務外においては，組織メンバー個々人の価値観，ものの見方や考え方，嗜好等を双方で認知し合い，業務の遂行をしやすくするためのコミュニケーションがある。そして，こうした業務外の（プライベートな）コミュニケーションによる信頼関係の醸造は，業務上のコミュニケーションを円滑に進めるために，きわめて重要である。また，組織内でのコミュニケーションを活発化させることにより，間接的な利益も発生し得る。たとえば，コミュニケーションを活発化させることで，個人レベルでは，業務に対するモチベーションを向上させることができるし，組織レベルでは，社員間の結束力強化，離職率の低下といったメリットを得ることができる。

　ベンチャー企業の組織は，「少人数」「小数部署」「単純な組織構造」「トップとの距離が近接」「一人が複数の役を担う」といった，小規模組織特有の特質を持つ。ゆえに，組織内コミュニケーションが機能しているか否かは，企業の業績をも左右する大きな問題に成りかねない。すなわち，小規模コミュニケーションであるがゆえに，一般企業と比較して，リーダーと社員のコミュニケーションの様態が組織に与える影響力は大きい。組織におけるリーダーのあり方として，EQを提唱したダニエル・ゴールマンは，先導型，コーチ型，親和型，民主型，権威主義者型，強圧型の6つのリーダーシップスタイル（類型）を定義した。これら6つのリーダー類型の是非を一概に断定するのは難しいが，組織においてマイナスの影響が最も大きいタイプは強圧型であり，これは，「リーダーに従え」というタイプであるとしている。

たとえば、ベンチャー企業のトップが強圧型のリーダーである場合、企業設立初期においては、それがある程度機能したとしても、ベンチャー企業が成長するにしたがい、社員のモチベーション低下やアイデア創出の欠如ひいては人材の離職という企業にとって負の影響をおよぼす事態を招きかねない。しかし、一方、このタイプのリーダーは、仮にベンチャー企業組織が崩壊している場合あるいはマネジメントが迷走している状況においては、経営理念の提示、再確認、浸透などを通して、統率力を発揮することができる。経営理念とは、経営環境や組織目的、経営戦略や組織マネジメント等を簡潔に凝縮した[25]ものと考えられ、具体的に、戦略の方向性、実行の枠組み、コミュニケーションのあり方を示す[26]ものである。企業としての経験値の少ないベンチャー企業にとって、経営理念をリーダーと社員が共有することは、組織活動にプラスの影響を与える。

経営理念のみならず、また、リーダー－社員間に限らず、あらゆる組織関係にとって、知識・情報の共有化は最重要テーマである。上述のように、ベンチャー企業においては、一人ひとりが持つ知識・情報の量は大きくなると推測される。よって、組織を円滑に機能させるためには、個々人が持つバラバラな経営知識・経営情報をいかに共有するかがきわめて重要である。具体的には、製品開発、商品ターゲット、顧客ニーズ、顧客情報、市場動向、情報獲得ルート、各事業スケジュール、既存プラン、企業ヴィジョン、財政状況等がスムースに共有されねばならない。

7節　まとめ

　本章では，技術系ベンチャーの定義，およびB to BマーケティングとB to Cマーケティングの相違を踏まえた上で，ベンチャー企業のマーケティング活動の特質について明らかにした。ベンチャー企業のマーケティング活動をいわゆる「強み・弱み分析」に当てはめて考察すると，強みとしては「製品，サービス，それらを生み出す技術やシーズの所有」，弱みとしては「資金」，機会としては「ニッチ市場の発掘可能性」，脅威としては「大手企業の市場独占」が挙げられる。これらを踏まえた上で，本章においては，はじめに企業成長段階ごとのベンチャー企業のマーケティング活動について検討を行った。

　「スタートアップ期」においては，価格競争を避けつつ品質に重点を置いた製品開発戦略，低コストのプロモーション活動などが有効であるが，企業が成長していくにつれ，製品開発やプロモーションのあり方は大きく変化して行く。すなわち，「成長期」においては，しばしばそれら適応戦略の「見直し（修正）」が行われる。また，IPOを前にしたベンチャー企業は，必要な人材が揃い，企業が組織として機能し始めている状態であることが多い。この時期（「IPO期」）にベンチャー企業が陥り易い問題として，情報管理共有化の問題などがある。

　次に，米国におけるベンチャー企業のマーケティング活動について触れた。米国ベンチャー企業には，①大学機関と密接な関係を持つ，②ハイテク産業を指す，③多種多様な機関がベンチャー企業を支えるといった3つの大きな特徴がある。これら米国ベンチャー企

業におけるマーケティング活動を日本のそれと比較すると,「製品開発における時間とコスト」,「知財を活かしたマーケティング戦略の有無」,「資金状態」,「プロモーションの方法」などにおいて大きな相違があることが明らかとなった。

さらに,ベンチャー企業の組織内マーケティングについても考察した。ベンチャー企業組織の特徴としては,「少人数」,「小数部署」,「単純な組織構造」,「トップとの距離が近い」,「一人が複数の役を担う」などといった点が挙げられる。ベンチャー企業においては,小規模かつ経験値の少ない組織が経営を行う場合が多いことから,組織内コミュニケーションの成否がダイレクトに業績と結びつくと考えられる。

注

1) スコット・A・シェーン著／スカイライトコンサルティング訳『プロフェッショナル・アントレプレナー』英治出版　2005年　pp.38-41
2) 同上書　p.38
3) 同上書　p.39
4) 同上
5) パチェンティ・ジェリオ・チェザレ著／高達秋良ほか訳『B2Bマーケティング─顧客価値の向上に貢献する7つのプロセス』図表序-7参照　ダイヤモンド社　2000年　p.29
6) 金井一頼・角田隆太郎『ベンチャー企業経営論』有斐閣　2002年　p.154
7) スコット・A・シェーン著　前掲書
8) 金井一頼・角田隆太郎『ベンチャー企業経営論』有斐閣　2002年　p.170
9) 中小企業総合研究機構『ベンチャー企業の経営戦略に関する調査研

究』 2005 年
10) ジェフリー・ムーア著／川又政治訳『キャズム』翔泳社　2002 年　p.31
11) スコット・A・シェーン著　前掲書　p.193
12) スコット・A・シェーン著　前掲書　p.175
13) スコット・A・シェーン著　前掲書　p.177
14) マイケル E. ポーター著「競争の戦略：5 つの要因が競争を支配する」『*Harvard Business Review*』ダイヤモンド社　2007 年 2 月
15) スコット・A・シェーン著　前掲書　p.260
16) 大前研一「競争は戦略の目的ではない」『*Harvard Business Review*』2007 年 2 月
17) 中小企業庁『中小企業白書　2004 年版』第 2-1-27 図「市場でまだ製品化されていない需要者側の嗜好の変化」の取り組みと売上高増加率への影響
18) 宮内敏哉『ベンチャー企業マーケティングと経営管理』同友館　2006 年　p.103
19) 嶋口充輝・和田充夫・池尾恭一・余田卓郎『マーケティング戦略』有斐閣　2004 年　p.143
20) 同上
21) 村山裕三・地主敏樹『アメリカ経済論』ミネルヴァ書房　2004 年　p.127
22) 同上
23) 同上書　p.130
24) ジェフリー・ムーア著　前掲書　p.103
25) 山根節『戦略と組織を考える―MBA のための 7 ケース』中央経済社　2003 年　p.172
26) 同上書　p.173

4章　仮説導入

1節　調査企業選出

　仮説導入に際して，はじめに幾つかの技術系ベンチャー企業を調査目的に沿って選出し，選出された企業に対して予備調査を実施した。予備調査として，インタビュー調査を行い，「製品開発」および「プロモーション活動」における成功要因（要素）と要素構成因子の抽出を行った。

　技術系ベンチャー企業の選出は以下の方法で行った。ベンチャー企業年鑑，インターネットの情報などを基に，日本における技術系ベンチャー企業の定義を満たす企業を選出した。その結果，10社の技術系ベンチャー企業が選出された。さらに，選出された技術系ベンチャー企業のなかから，予備調査としてヒアリング調査を実施する技術系ベンチャー企業を選出した。選出条件は，MUST（ねばならない）とWANT（望ましい）に分け条件設定を行った。まず，MUSTとして，電子，通信業界，精密機器業界における企業であり，かつ，独自の技術を持つ企業であることを条件とした。また，WANTとして，売上，利益率が伸びている企業であることを条件とした。

　次に，選出された企業へのインタビュー調査のプロセスは次の通りである。まず，選出された10社に直接電話で技術系ベンチャー企業におけるマーケティングの予備調査依頼を申し込んだ。取材依頼の結果，3社が予備調査に応じてくれた。取材可能となった企

業に対して，取材内容の概要を郵送した。郵送した取材内容は主に技術系ベンチャー企業における製品開発とプロモーション活動を中心としたものである。具体的には，まず，創業者の創業以前の職歴，創業者の人脈，昨年までの売上・利益伸び率といった企業のバックグラウンドが大きな調査項目の一つである。2つ目の大きな調査項目は，マーケティング活動に関するものである。マーケティング活動に関する調査項目としては，製品開発における項目，プロモーション活動における項目，これら2つに共通の項目の計3つの項目である。一つ目の製品開発の項目は，ターゲット設定の有無，新製品開発の動機，市場情報の入手方法競争情報（競合他社情報）の入手方法についてである。2つ目のプロモーション活動における項目は，自社のプロモーション活動に関する考え方とプロモーションの方法についてである。最後に，製品開発，プロモーション活動の双方に共通する項目として，マーケティングに関する意思決定権の所在，マーケティングに関わった社員の経歴，組織内マーケティングのあり方，創業者のマーケティングに対する考え方を挙げた。

2節　予備調査

予備調査として，2007年の5月から6月にかけて，上記3社への訪問を行った。経営上の理由から，3社とも企業名の提示は不可能であり，ここでは仮に，A社，B社，C社と提示とする。以下，3社についての取材内容である。

取材1　A社の取材内容

　A社はNGN（次世代通信網）に関わるソフトウェア製品の開発・販売・保守サポートおよびコンサルティングを事業内容とする企業である。設立は2001年11月，今年で設立6年目を迎えた従業員数60名の企業である。A社設立のきっかけは1985年，日本の通信自由化にさかのぼる。日本においては，1985年まで国が通信事業を管理していたが，1985年の日本電信電話株式会社等に関する法律の施行にともない，通信事業の自由化が開始された。これにより，A社のような通信関連の民営化ベンチャー企業が設立可能となった。

　A社の現社長は約13年間国内大手通信会社に勤務していた。そこで海外の電話交換機を日本の通信事情に合うように開発導入する仕事に従事していた。その後，少し新しいビジネスを模索していたところ，アメリカで試験的に開始されていたIP（Internet Protocol）技術と出会い，IP電話技術の日本導入に参画することとなった。現社長は，この仕事を通して，今後はIP電話技術が日本の通信技術の中心的技術になると確信する。そして，2001年，IP電話技術の実用性が証明されると，IP電話技術を用いたソリューションの構築に挑戦してみたいという強い思いが募り，技術系ベンチャーA社を設立することになった。当初は技術責任者・CTOとして参加し，その後代表取締役に就任した。A社設立当時の人材は14名，全員中途採用であり，大半の人材が前職も通信業界に関わっていた経歴を持っていた。現社長は，自身の職歴等から，IT商社，国内大手通信社，海外大手通信社等に幅広い人脈を持っている。なお，A社は，設立から5期連続の黒字を達成している。

A社の製品開発は，あくまで，ターゲットを明確に設定した上での「ものづくり」である点に特徴がある。また，A社の製品開発のポリシーは先を考えた物作りと，日本と世界においてスタンダードを獲得できる製品の創造である。A社の実践する時代の先を考えたものづくりには，内外の展示会に参加し，出展企業からさまざまな市場情報を入手することが不可欠である。製品開発や，製品化の最終判断に関する意思決定権は，社長にあるが，事前に部署内での製品検討を行っている。

　A社は，プロモーション活動においては，雑誌，新聞等の媒体は使わない。理由はコストがかかり，なおかつ，無名の企業がそうしたプロモーション活動を行っても，市場ではなかなか認知されないからである。逆に，広告以外のプロモーション活動を通して，顧客企業に認知を促している。方法としては，大手同業他社に対する自社の技術説明，人的販売，講演会，セミナーへの参加，自社説明会などが挙げられる。また，昨年からはプロモーション活動の新たな場として，展示会にも出展している。

　A社が組織内の情報共有化のために行っていることとしては，社内ネット掲示板による情報共有と1ヵ月に1回の報告事項ミーティングがある。また，ミーティング内で3分間トークと称し，社員が全社員の前でテーマは特定せずに，トークを行うことをしている。これが，社員間でのコミュニケーション円滑化に一役買っており，また，社員のプレゼン力，営業力強化にもつながっている。しかし，情報の共有化においては，問題も存在している。たとえば，ネットを使うと，緊急の情報がすぐに直接伝わってこないという問題があ

る。ケースによって，メール，電話，口頭での伝達を使い分けることが必要であると考えている。

最後に，A社創業者のマーケティングに対する考え方であるが，企業が無名なため，顧客獲得には，徹底して顧客企業のニーズに合わせた製品，技術提案が必要とのことである。

取材2　B社の取材内容

B社はシステムLSIの回路縮小技術の研究開発とその事業化，および性能・価格比を飛躍的に改善する基本回路の設計を事業内容とする企業である。

設立は2000年4月，設立年数7年の半導体ベンチャー企業である。現社長が大手電気メーカーにおける研究の傍ら余暇で電気関連の研究を始めていたところ，ベンチャーキャピタルから誘いがあり，2000年に大手電機メーカーから独立したのがはじまりである。独立までのB社社長は，大手電気メーカーにおいて，音声認識研究を一人で行っていた。一人で始めた研究であったが，その後，社内ベンチャーを立ち上げ，約70名の集団をまとめるまでになる。その後，会社を退職後，現在の会社を設立するに至る。会社経営状況は，設立初年度から3年間，研究のみを行っていたため，2007年度からの収益黒字を見込んでいる。また，社長の人脈としては，大手メーカー時代の同僚の技術者や大学時代の友人が挙げられる。

製品開発については，明確にターゲットを設定し，自分が売れると考えているアイデアを社員が作製するスタイルをとっている。また，製品開発のための市場情報は，雑誌，新聞，セミナーなどで入

手するが，市場情報の最も重要な情報入手方法は，営業から直接，生の顧客情報を得ることである。

プロモーションの方法としては，雑誌，新聞等のマス媒体は使わず，社長自ら人的販売促進活動を行っている。製品開発，販売決定等の意思決定権は社長のみが持つ企業である。

また，組織内における情報共有化のために，週1回のミーティングを行っている。

取材3　C社の取材内容

C社は，指紋認証セキュリティ・システムの構築と販売，指紋認証ユニットの国内組込ベンダーへの販売と支援，指紋認証マウスおよび指紋認証機器の輸入販売を事業内容とする企業である。設立は2000年1月の情報セキュリティー関連ベンチャー企業である。現社長は，大手外資系IT企業に従事後，生体認証に関する業務を行っていた事がきっかけとなり，アメリカのセキュリティー会社が日本法人を設立するにあたり，社長に就任する事になった。

ターゲット設定をした製品開発を行っており，あくまで顧客企業のニーズに合わせた技術，ソリューションの提供を行っている。また，市場情報の入手方法は，新聞・雑誌等のマス媒体やインターネット情報である。製品開発の最終的権限は社長が持っている。

プロモーション活動においては，コストがかかる広告媒体は使用せず，展示会，自社HP内での情報発信をしている。また，設立当初以来，コストをかけず，話題作りができ，また信頼性が獲得できるパブリシティ活動に力を注いできた。営業戦略は，ビジネスパー

トナーとの協業を核としたパートナー戦略のもと,市場の選択と集中による営業活動で,顧客獲得の機会増大を図っている。また,C社の営業活動は,顧客企業への単なる機能や技術の説明だけでなく,ユビキタス社会の情報セキュリティにおける指紋認証の果たす役割や意義について顧客企業へ伝達することが中心となる。C社の営業活動は,モノを売るのではなく,あくまでソリューションを売るという考え方である。

C社の人材は,主に中途採用で,他社での業務経験を有する人材が中心である。実際に取材対応をしてくれたマーケティング担当の社員は,多業種で広報,マーケティングを軸とした業務に従事した後,IT業界に参入,現在に至っている。

マーケティングにおける情報共有化のために組織内で行っていることとして,社内サーバーでの情報共有化,社内顧客データの共有化が挙げられる。また,CRM(顧客管理ソフト)をSaaSとして使用している。

その他,C社のマーケティングを左右する要素として,法的環境変化が挙げられる。2001年9月11日のアメリカ同時多発テロ事件以来,プライバシーよりセキュリティを重視する社会環境になった。

日本では個人情報保護法が制定されたことで情報セキュリティーへの認識が高まり,これがマーケティング活動上の追い風となってきている。さらに,厚生労働省の「医療情報システムの安全管理に関するガイドライン」で生体認証が推奨されたことで,生体認証への関心が増大している。これは,国内外における社会・経済情勢の変化がきっかけとなって,法律の制定により,自社の製品,技術の

社会的利用価値に変化が起き,それが顧客獲得にも繋がったというケースである。

以上3社に対する予備調査の結果,製品開発,プロモーション活動における「対外的要素」「対内的要素」「個人属性」「外的要素」(法的要素や世界情勢等)の計4つの要素が抽出された。さらに,対外的要素と対内的要素を細分化し,製品開発,プロモーション活動,顧客企業とのコミュニケーション力,情報収集力,問題解決力,市場適応力の各因子に分類した。また,外的要素も,法的要素,市場動向,世界情勢の3つの因子に分けた。これらの因子を基に質問項目を設定し,上記企業3社に,再度,追加アンケートを行った(表・7 予備調査追加アンケート項目 参照)。その結果,2社から,追加アンケートの回答を得られた。追加アンケートの調査内容および設問順は,以下の通りである。対外的要素,対内的要素,個人属性の各項目については,4段階の①とてもある,②ある,③あまりない,④ない,という選択肢を準備した。同じく,法的要素の項目についても,①とてもある,②ある,③あまりない,④ない,という4段階の尺度回答とした。いくつかの設問に対しては,①とてもある,②ある,と回答した場合において,具体例を自由に記入してもらうようにした。

上記の追加アンケートを実施した結果,回答に一定の傾向がみられた。まず,対外的要素の項目でQ4・顧客企業に自社の製品または技術に対する思いを伝える能力,Q7・自社の応用技術を用いた問題解決能力,Q11・市場情報収集力の3つの項目に対し,2社と

表・7　予備調査追加アンケート項目

対外的要素
- Q1　顧客企業のニーズを聞き出す能力
- Q2　顧客企業に自社の技術を正確に伝える能力
- Q3　顧客企業に自社技術の可能性を伝える能力
- Q4　顧客企業に自社の製品または技術に対する思いを伝える能力
- Q5　顧客企業のニーズに合った製品提案
- Q6　顧客企業のニーズと自社の技術を一致させ，顧客企業に提案する能力
- Q7　自社の応用技術を用いた問題解決能力
- Q8　自社の特定技術における知識ではなく，幅広い技術の知識の取得
- Q9　既存顧客企業との交渉力
- Q10　初期顧客企業との交渉力
- Q11　市場情報収集力
- Q12　顧客企業へ製品開発のコスト計算

対内的要素
- Q1　社内メンバーに顧客ニーズを正確に伝える
- Q2　社内メンバー間で顧客のニーズを理解し共有化する
- Q3　社内のソース技術・人材・資金を的確に把握する
- Q4　自社技術の市場動向予測
- Q5　自社技術の市場動向予測に基づく，製品開発の提示
- Q6　製品開発に関わる人材のモチベーションマネージメントを行っている
- Q7　部署内コミュニケーションを行っている
- Q8　社内部署間のコミュニケーションを行っている
- Q9　顧客企業のニーズに合わせた製品開発期間のプランニングを行っている
- Q10　顧客企業のニーズに合わせた製品開発のスケジューリングを行っている
- Q11　顧客企業のニーズを理解し製品開発に適した人材構成力を行っている
- Q12　製品開発スケジュール遂行能力
- Q13　収集した市場情報の社内共有化を行っている
- Q14　製品開発，プロモーション活動におけるリスク管理を行っている

個人属性
- Q1　社員に対し仕事の動機付けを行っている

Q2 自社の技術に対する思い入れ
Q3 社会人経験年数
Q4 業界経験年数
Q5 技術営業担当者の人的ネットワーク
Q6 高度な技術であっても完成させる意欲
Q7 納期内に完成させる意欲
Q8 製品開発における判断力

外的要素
Q1 法律の改正（ex）規制緩和，新規法律制定
Q2 金利の動向
Q3 海外市場の変化
Q4 株価の変動
Q5 IT産業の発達
   Q5の回答で1, 2を回答した方に質問です。
   IT産業が発達したことで具体的に自社にどのような影響がありましたか
Q6 展示会への出展
   Q6の回答で1, 2を回答した方に質問です。
   展示会へ出展したことで具体的に自社にどのような影響を与えましたか
Q7 学会への参加
   Q7の回答で1, 2を回答した方に質問です。
   学会に参加したことで具体的に自社にどのような影響を与えましたか
Q8 パブリシティー（新聞社や雑誌社に自社製品の記事を投稿，記者会見する行為）の活用
Q9 広告媒体の活用（ex）専門雑誌，新聞への広告出稿

も1：とてもある，2：ある，と答えた。次に，対内的要素の項目では，Q1・社内メンバーに顧客ニーズを正確に伝える，Q3・社内のソース技術・人材・資金を的確に把握する，Q13・収集した市場情報の社内共有化を行っているの3つの項目に対し，いずれも1：とてもある，2：ある，と答えた。個人属性の項目では，Q2・自社

4章　仮説導入　75

の技術に対する思い入れ，Q3・社会人経験年数，Q4・業界経験年数，Q7・納期内に完成させる意欲の4つの項目が，2社とも1：とてもある，2：ある，と答えた。さらに，外的要素ではQ1・法律の改正 ex）規制緩和，新規法律制定，Q3・海外市場の変化，Q5・IT産業の発達，Q6展示会への出展の4つの項目に，2社とも1：とてもある，2：ある，と答えた。また，Q5，Q6については，4段階での回答以外に，具体的な回答を自由に記述してもらった。その結果，Q5・IT産業の発達に影響が，「とてもある」または「ある」と回答した企業から，自由記述において，「インターネット技術の普及が通信に係わる顧客層を増やした」「セキュリティーの意識改革とともに，バイオメトリックスへの関心が向上した」というコメントを得た。また，Q6・展示会への出展に影響が，「とてもある」または「ある」と回答した企業から，「リードの獲得」「イメージの構築」「6月に展示会に出展したが，影響力の分析はまだであるが，一定の影響力はありそうだ」とのコメントを得た。

　技術系ベンチャー企業へのヒアリング取材と追加アンケートの結果から，製品開発やプロモーション活動における市場適応および成長のための6つの要素が抽出された。6つの要素を，外的および内的要素に分けると，企業外的要素は2つ，企業内的要素は4つに分けられる。外的要素は，「外部環境」と「エンドユーザーのニーズ」の2つ，内的要素は，「コミュニケーション力」「顧客企業のニーズ」「プロモーションのツール選択」「市場適応製品開発能力」の4つである。

　また，要素抽出を行うことにより，これら各要素に含まれる因子

も抽出された。まず，外的要素の「外部環境」に含まれる大因子として，「国内外情勢」「産業発達」「法的要素」の3つを挙げた。さらに，これら大きな因子の内，「産業発達」と「法的要素」に含まれる小さな因子として，「IT産業」「知的財産権」「規制緩和」「法制定・改正」の4つを挙げた。また，もう一つの外的要素である「エンドユーザーのニーズ」には，「ニーズ」因子を付属させた。また，内的要素の「顧客企業のニーズ」にも，「ニーズ」因子を付属させた。さらに「プロモーションのツール選択」要素における因子として，「コミュニケーション力」「学会」「パブリシティ」「説明会」「展示会」の5つを挙げた。ここで，「コミュニケーション力」要素は，「プロモーションのツール選択」要素とは別に扱われている。一般的に，「プロモーション活動」とは，いわゆる「広義のプロモーション」活動のことを意味し，広く企業が内外環境との間で行う知識・情報交換のことを指す。しかしながら，本研究においては，独自の技術を製品として広めることをプロモーション（狭義のプロモーション）と呼び，コミュニケーションとは企業外部または企業内部との情報交換行為を指すものとする。ここでは，プロモーションとコミュニケーションを別の概念として扱うものとする。最後に「市場適応製品開発能力」に含まれる因子は「市場情報収集能力」「市場適応」「問題解決能力」の4つであり，さらに，「市場適応」「問題解決能力」の因子に附属する小さな因子として「技術」「製品」の2つを抽出した（図・12　仮説因子因果関係図　参照）。

3節　仮説導入

3社に対する予備調査結果および追加アンケート（回答は2社）結果と既存研究を踏まえ，次の6つの仮説を設定した。

Ⅰ：法制定・改正，規制緩和は，技術系ベンチャーの製品開発やプロモーション活動に正の影響を与え，顧客獲得の機会を与える要素となる。

法の規制によって，ある特定領域に触れることが不可能であったとしても，法制定・改正，規制緩和によりこれが可能となることがある。しかし，一方で，法規制は，マーケティング活動を制約するマイナスの力として機能することもある。ベンチャー企業は，法規制に対するプラスとマイナスの面をうまく利用しなければならない。企業は環境に支配される。経営資源，売上げ，課題，チャンスを生み出すのが環境ならば，制約を課すのも環境であり，企業の命運を握っているのも環境[1]である。法規制に従わざるをえない場合，法制度を自社にとって有益なものにできるか否かが，市場適応・成長の鍵となる。

すなわち，法制度の活用は，製品開発やプロモーション活動に正の影響を与え，結果，顧客獲得につながりうる重要な要素と考えられる。

Ⅱ：製品開発のための市場情報収集力と応用技術による問題解決力は，国内外情勢・法制定・改正という外的要素および顧客企業ニーズへの提案力・適応力に強い関わりがある。

　市場情報収集力があれば，外的環境により絶えず変化する市場動向の推測が可能となる。また，自社のコア技術を活かす力があれば，外的環境の変化に対してコア技術を活かし問題解決を提案することが可能となる。競争優位の源泉とは，経営者が環境変化に各事業をいち早く適応させるべく，情報収集力，応用力，自社技術を組み合わせることなのである。

　すなわち，自社の技術を活かす力，問題解決力，市場情報収集力は，国内外の情勢，法制定・改正といった外的要因への適応能力に正の相関があると考えられる。

Ⅲ：顧客企業へ製品説明・技術説明のみのプロモーション活動より，顧客と共感するコミュニケーションによる製品説明・技術説明を行う方が，顧客獲得につながる。

　製品や技術の説明だけで，顧客企業を納得させることは難しい。既存企業は，「無名」であり「信頼性がない」技術系ベンチャー企業からの製品購入に，常に慎重な姿勢をとるからである[2]。

　このデメリットを払拭し，顧客企業に製品・技術を購入してもらうためには，技術系ベンチャー企業の製品・技術に対する深い思い入れ[3]を認知してもらい，製品・技術に双方がともに共感するようなコミュニケーション[4]が必要である。

Ⅳ：自社の製品・技術を売り込むより，組織が顧客企業のニーズを的確に把握・共有した製品開発・プロモーション活動を行う方が，顧客獲得につながる。

　技術系ベンチャー企業の強みは，独自性ある技術シーズと技術シーズによって生まれる製品である。しかし，顧客企業に製品・技術を購入してもらうためには，自社の製品・技術がいかに優れているのかを説明するよりも，顧客企業のニーズに自社の製品・技術を合わせて提案することの方が重要である。顧客企業が技術系ベンチャー企業の製品・技術を購入する理由は，それら製品・技術が顧客企業にとって価値のあるものだからである。

　独自の技術を所有する企業は，自社の製品購入による顧客企業のメリットを理解しなければ，その顧客企業を獲得することはできない[5]。製品・技術を購入する立場である顧客企業が，技術系ベンチャー企業の製品・技術を正確に理解せずに，知名度の低い技術系ベンチャー企業からモノを購入することは考えにくいからである[6]。また，新製品開発の成功要因を研究した文献によると，買い手の需要やニーズへの一致が成功要因の上位5位に挙げられている[7]。

　ニーズに合った，製品・技術を提案できれば，無名の技術系ベンチャー企業であっても，顧客獲得は可能なのである。

Ⅴ：技術系ベンチャー企業におけるB to Bマーケティングにおいては，エンドユーザーのニーズを把握した上で，製品開発および顧客企業へのプロモーションを行うことが顧客獲得につながる。

　顧客企業にとっての顧客は一般消費者である。そして，一般消費

者のニーズは,法制定・改正,規制緩和,国内外情勢,時代の流行等の外的要素により変化する。社会環境変化が顧客ニーズに影響を及ぼしたり,法制度や政治の変化によって新しい競争環境が出現するという事態も起こりうる[8]。顧客企業は,当然のことながら,そうした一般消費者のニーズを把握した上で,製品開発,プロモーション活動を行おうとする。すなわち,B to Bマーケティングにおいては,顧客企業のみならず,その先にいるエンドユーザーのニーズをもその射程に入れておく必要がある(B to B to Cマーケティング)。顧客企業の企業価値の大半はエンドユーザーたちによって創造されている[9]からである。

技術系ベンチャー企業には,顧客企業のみに向けた製品開発,プロモーション活動だけではなく,その先にいる一般消費者のニーズをも把握した上での製品開発,プロモーション活動が求められている。

Ⅵ:プロモーション活動を効果的に行い,顧客を獲得するためには,無料機構的販売プロモーション,展示会・説明会の実施や学会での人脈作りが効果的である。

資金に限りがある技術系ベンチャー企業は,大手企業のように,広告に莫大な資金を投入できない。また,無名の技術系ベンチャー企業が有料機構的販売プロモーションである雑誌,テレビ,車内・街中広告を行っても大手企業の購買意欲を刺激することは難しく,広告効果が現れにくい。さらに,広告を本当に効果的なものにしたいのなら,長期間にわたってメッセージを繰り返すことが必要[10]であり,資金的に限りがある技術系ベンチャー企業がこれを行うこ

とは，コスト面からも難しい。逆に，技術系ベンチャー企業にとって，マス広告よりもコスト・パフォーマンスが良い方法としてパブリシティが挙げられる。パブリシティを活用することで，企業は無名であっても，大手企業への認知度が向上し，顧客獲得の可能性が出てくることがある。また，パブリシティは，企業自体が発信する情報ではなく，第三者機関が情報を編集し顧客に提供するため，広告などに比べ消費者の信頼性が高い[11]。

また，展示会，説明会への参加は，ターゲット顧客への認知度の向上にプラスとなる。顧客企業は，技術系ベンチャー企業の製品または技術に興味，関心があるから，展示会や説明会に参加するのである。すなわち，技術系ベンチャー企業にとっては，顧客ターゲットを絞ったプロモーション活動が容易に行えるため，顧客獲得が行いやすい。また，共通する研究発表の場である学会も，特定分野に関心が高い人材が集中するため，自社の製品または技術を認知，理解を示してもらうのに好都合である。

予備調査結果と既存研究を踏まえて考察した結果，技術系ベンチャー企業における製品開発とプロモーション活動に関する市場適応・成長要素として6つの要素および各要素を構成する19因子が抽出された。上記6つの仮説に従って，要素および要素に付随する因子を結び，仮説の関係を視覚的に把握したものが，下記の「要素抽出モデル」および「仮説操作モデル」である（図・12　要素抽出モデル　参照）（図・13　仮説操作モデル　参照）。要素抽出モデルにおいては，6つの要素に要素Ⅰから要素Ⅵと番号を付け，今後の操作

を行いやすくした。各要素の番号は，要素Ⅰ「外部環境」，要素Ⅱ「エンドユーザー」，要素Ⅲ「顧客企業のニーズ」，要素Ⅳ「市場適応製品開発」，要素Ⅴ「コミュニケーション力」要素Ⅵ「プロモーションのツール選択」とした。また，図12の要素抽出モデルの矢印の方向は要素抽出時点では，要素間での因果関係は予測可能であるが，どちらか一方行での因果関係を断定することが不可能なため，双方間において何らかの因果関係があるという意味で双方向の矢印を用いて表した。

さらに，図12の要素抽出モデルを用いて，仮説ⅠからⅥの過程を要素から要素への経路を表す図として仮説操作モデル（図・13 仮説操作モデル　参照）を作成した。たとえば，仮説Ⅰは，要素Ⅰ（外

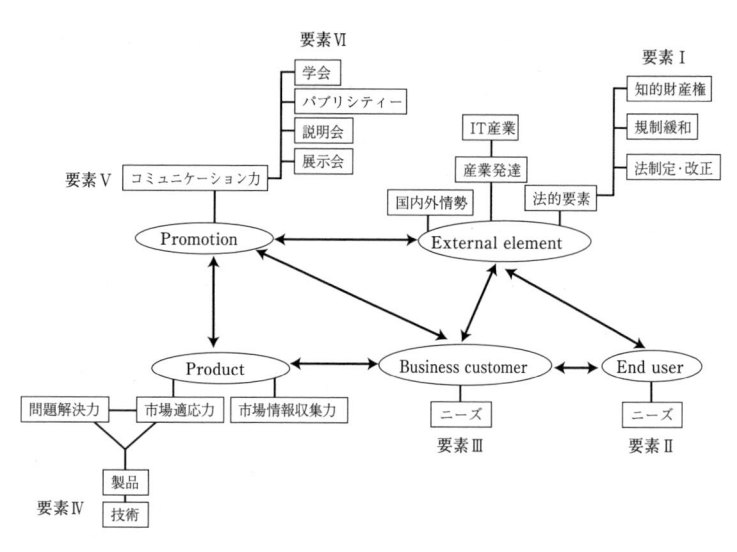

図・12　要素抽出モデル

部環境) からプロダクトの要素Ⅳ (市場適応製品開発), 要素Ⅴ (コミュニケーション力), 最終的に顧客企業の要素Ⅲ (顧客企業のニーズ) への経路を辿り, Ⅰ (外部環境) →Ⅳ (市場適応製品開発) →Ⅴ (コミュニケーション力) →Ⅲ (顧客企業のニーズ) という筋道で表される。その他5つの仮説も同様に, 仮説操作モデルに示した経路の通り, 仮説Ⅱは外部環境からエンドユーザー, 顧客企業のニーズ, 市場適応製品開発の経路を, 仮説Ⅲはコミュニケーション力から顧客企業のニーズへの経路を, 仮説Ⅳは市場適応製品開発からコミュニケーション力, 顧客企業のニーズへの経路を, 仮説Ⅴは外部環境からエンドユーザー, 顧客企業のニーズ, 市場適応製品開発, コミュニケーション力という経路を辿る。仮説Ⅵは, プロモーションツールの選択からコミュニケーション, 顧客企業のニーズへとつな

①仮説Ⅰ　：Ⅰ→Ⅳ→Ⅴ→Ⅲ　─────
②仮説Ⅱ　：Ⅰ→Ⅱ→Ⅲ→Ⅳ　─ ─ ─ ─
③仮説Ⅲ　：Ⅴ→Ⅲ　　　　　━━━━━
④仮説Ⅳ　：Ⅳ→Ⅴ→Ⅲ　　　・・・・・
⑤仮説Ⅴ　：Ⅰ→Ⅱ→Ⅲ→Ⅳ→Ⅴ　- - - - -
⑥仮説Ⅵ　：Ⅵ→Ⅴ→Ⅲ　　　━ ━ ━ ━

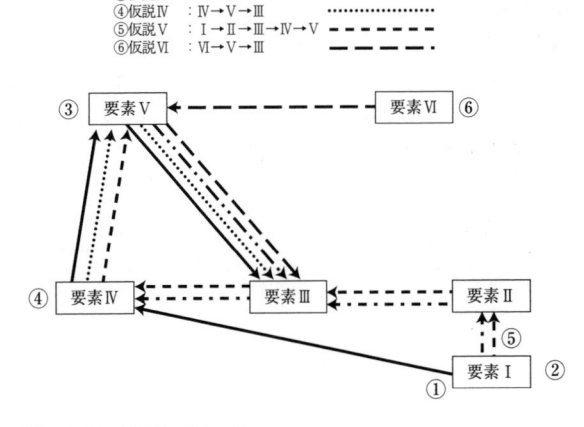

図・13　仮説操作モデル

がる経路を示す。以上，6つの仮説の要素経路をモデルとして表すと図13に示すとおりの仮説操作モデルとなる。

注
1) H・イーゴル・アンゾフ著「企業の未来」『*Harvard Business Review*』ダイヤモンド社　2007年2月
2) 山根節『戦略と組織を考える―MBAのための7ケース』中央経済社　2003年
3) 同上書
4) 鴨志田晃「B2B2C型モデルの創造」『*Harvard Business Review*』ダイヤモンド社　2000年12月
5) M・E・ポーター著／土岐坤訳『競争優位の戦略―いかに高業績を持続させるか』ダイヤモンド社　1985年　p.174
6) 鴨志田晃　前掲書
7) 黒川文子「新製品開発のタイプ別成功要因とケーススタディ」『情報科学研究』No.21 p.10　2003年
8) パチェンティ・ジュリオ・チェザレ著／高達秋良ほか訳『B2Bマーケティング―顧客価値の向上に貢献する7つのプロセス』ダイヤモンド社　2000年　p.43
9) 鴨志田晃　前掲書
10) スコット・A・シェーン著／スカイライトコンサルティング訳『プロフェッショナル・アントレプレナー』英治出版　2005年　p.212
11) 日本マーケティング協会編『マーケティング・ベーシックス』同文舘　2001年　p.183

5章　仮説検証

1節　アンケート調査
1) アンケートの形式

　図12の要素抽出，図13の仮説操作モデルを用いて仮説を検証するために，検証用のアンケートを作成した。アンケートは評定尺度法を用いて，1：とてもある，2：ある，3：あまりない，4：ない，の4段階の評価と一部記述式による回答形式にし，検証のための質問を50項目設定した。さらに，ベンチャー企業としての成功基準を設けるために，企業設立年数，3年間の平均従業員数を記述式で記入してもらった。また，3年以内の売上および，利益伸び率を1：6%以上，2：0‐5%以上，3：0‐－5%，4：－6%以上の4段階で回答してもらった（アンケート調査票は巻末資料参照）。アンケート調査票を4段階の評価とした理由は，曖昧な回答を避けるためであり，因果関係の検証には適切と判断したからである。設定した質問項目は図・14仮説操作モデルおよび巻末アンケート調査票の通りである。

2) 調査対象

　アンケート調査対象は，技術系ベンチャー企業の定義付けでも記した通り，「設立1980年以降，独自性，創造的な技術を持ち，最先端技術を取り扱った，技術開発型の電子・機器，精密機器，通信技術等を業種とした企業」である。この条件に適合する技術系ベン

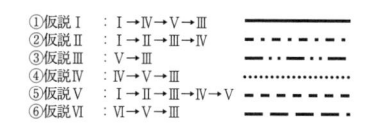

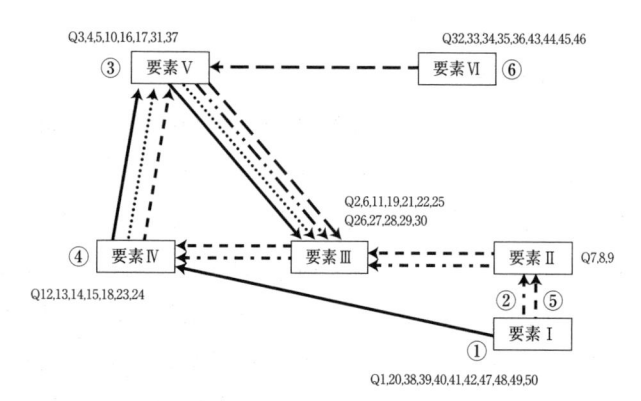

```
①仮説Ⅰ   : Ⅰ→Ⅳ→Ⅴ→Ⅲ      ──────
②仮説Ⅱ   : Ⅰ→Ⅱ→Ⅲ→Ⅳ      ─・─・─
③仮説Ⅲ   : Ⅴ→Ⅲ              ──  ──
④仮説Ⅳ   : Ⅳ→Ⅴ→Ⅲ          ・・・・・・
⑤仮説Ⅴ   : Ⅰ→Ⅱ→Ⅲ→Ⅳ→Ⅴ  ─ ─ ─
⑥仮説Ⅵ   : Ⅵ→Ⅴ→Ⅲ          ━━━━
```

図・14 仮説操作モデル・質問設定

チャー企業を対象にアンケート調査を各企業の経営者に郵送，回答者を経営者限定で行った。回答者を経営者に限定した理由は，各企業の回答者の立場を揃えることで，評定尺度表では避けられない個人的主観に対するバイアスを軽減するため，また，会社規模の小さい企業においては，会社の製品開発，プロモーション活動の権限，状況を社長のみが把握しているケースが頻繁に見うけられるからである。

3) アンケート実施方法

アンケート調査企業の選出であるが，先に述べた調査対象を新興市場向けジャスダック，東証マザーズの上場企業，半導体関連学会，

精密機器等の関連学会，通信技術関連学会，日経ベンチャー企業年鑑の企業リスト，大学発ベンチャー，インターネット検索，計17団体から技術系ベンチャー企業を検索し，合計200社の技術系ベンチャー企業を選出した。この200社のなかには仮説検証には予備調査を行った企業も調査対象として含まれている。選出した技術系ベンチャー企業へまずメールでアンケート調査依頼をし，了解が取れた企業からメールでアンケート調査表を送りアンケート調査を行った。メール依頼で了解，または，返事が得られない企業へは改めて郵送でアンケート調査依頼とアンケート調査票を郵送し調査を行った。アンケート期間は8月下旬から9月末までの約1ヵ月実施した。

2節　アンケート調査回収とデータ集計

　アンケート回収はメールと郵送合わせて103社から回答が得られ，回収率は約51％であった。アンケート集計後，有効回答は96社，有効回答率は48％であった。96社から得られた評定尺度法・4段階の回答と記述回答をそれぞれ集計した。集計したアンケートのうち，市場適応・成長基準となる売上，利益率のどちらか一方，または両方とも無回答なもの5社は，企業評価の基準が得られないため，アンケートの検証から省いた。また，売上，利益率ともにマイナス6％以上であるにもかかわらず，アンケート質問項目のほぼすべての項目の回答が1・とてもあると答えた2社についても，アンケート回答内容の信頼性が乏しいという理由から，アンケート検証から省いた。集計の結果，アンケート検証に有効な回答数は96社，96回答であった。集計後，要素ⅠからⅥまでの要素毎にアンケート結

果をまとめ，その後，企業の売上・利益率，さらに，企業設立年数（10年以下と11年以上）による分類を行った。その結果，4つの回答者集団「1・売上，利益率とも増加で企業設立10年以下」「2・売上，利益率とも増加で企業設立11年以上」「3・売上，利益率一方が減少，または両方とも減少で企業設立10年以下」「4・売上，利益率一方が減少，または両方とも減少で企業設立11年以上」が形成された。企業設立年数を10年以下と11年以上で分類した理由として，ベンチャー企業の倒産データである図・7　ベンチャー企業業歴別倒産件数分布比においても確認されたように，日本においては，10年未満で倒産するベンチャー企業が非常に多いからである。

また，設立後，一定期間企業が存続しているのであれば，経営計画の方向性の確立，財務状況改善，市場での認知度向上と顧客の獲得が成されていると仮定し，この長期間存続のメルクマールを10年以下・11年以上と設定したのである。各4集団の企業数は，1・売上，利益率とも増加で企業設立10年以下の企業が32社，2・売上，利益率とも増加で企業設立11年以上の企業37社，3・売上，利益率一方が減少，または両方とも減少で企業設立10年以下の企業12社，4・売上，利益率一方が減少，または両方とも減少で企業設立11年以上の企業17社である。

3節　アンケート調査データの統計解析

本節においては，前章3節の6つの仮説について，SPSSヴァージョン13.0（以下，SPSSと略）とAMOSヴァージョン7.0（以下AMOSと略）を用いて，調査データ解析による検証を行った。

1) 因子分析

　まず，初めに SPSS を用いてアンケートで得られた有効回答 96 社について，50 項目の平均値，標準偏差を算出し，標準偏差値から，天井効果とフロアー効果について検討した。その結果，天井効果がみられた質問 2 項目 Q31，Q37 について以降分析から除外した。

　次に，残りの質問 48 項目について，予備調査と既存文献等で抽出した各要素ⅠからⅥを構成する因子を抽出したわけではあるが，これらの因子が実際のアンケート調査結果において，因子として抽出されてくるのかを要素ごとにバリマックス回転による因子分析を行い検証した。因子分析の結果，「要素Ⅰ・外的環境」は固有値の変化 (4.2, 1.7, 1.2 ……) 累積寄与率 (38.6 %, 54.2%, 65.2% ……) という結果が得られ，質問項目から，2 因子が妥当と判断した。要素Ⅰの因子における共通性の値であるが，設問項目 Q41 の値は第 1 因子に属する値となっているが，設問内容から第 2 因子に属する方が妥当であると判断し，第 2 因子に属するものとした。第 1 因子に含まれる設問項目は法的内容が高い負荷量を占めていることから「法律」と名付け，第 2 因子は状況の変化，国内外の情勢，状況における対応の設問項目が高い負荷量を占めていることから「変化と対応」と名付けた (表・8　要素Ⅰ因子分析　参照)。

　「要素Ⅱ・エンドユーザー」は因子分析の結果，1 因子のみ抽出され，固有値の変化 (2.0, 0.5, 0.3) 累積寄与率 (69.1%, 88.7%, 100%) という結果が得られ，設問項目内容から「ニーズ」と名付けた (表・9　要素Ⅱ因子分析　参照)。

　「要素Ⅲ・顧客企業のニーズ」は固有値の変化 (4.9, 1.3, 1.2 ……)

累積寄与率（44.9%，57.0%，68.2%……）という結果が得られた。固有値，累積寄与率の値，設問項目内容から，2因子が妥当であると判断した。第1因子は顧客のニーズを認知する設問項目が高い負荷

表・8 要素Ⅰ因子分析

要素Ⅰ・外的環境	因子	
	1 法律	2 変化と対応
Q48 法制定（自社への影響力）	0.932	0.067
Q47 法律改正（自社への影響力）	0.922	0.079
Q49 規制緩和（自社への影響力）	0.862	0.052
Q41 日本国内の情勢（自社への影響力）	0.499	0.453
Q40 世界情勢（自社への影響力）	0.383	0.658
Q39 海外市場の変化（自社への影響力）	-0.176	0.622
Q42 IT産業の発達（自社への影響力）	0.369	0.551
Q1 プロモーション活動時，国内外情勢，法的要素を考慮した活動を行う	0.159	0.520
Q20 製品開発時，国内外情勢を考慮して開発を行う	-0.075	0.508
Q50 製品開発における他社の知的財産権による侵害	0.110	0.500
固有値	4.3	1.7
累積寄与率（%）	38.7	54.2

表・9 要素Ⅱ因子分析

要素Ⅰ・外的環境	因子
	ニーズ
Q8 顧客企業に対し，エンドユーザーに合った新製品開発	0.889
Q7 顧客企業に対し，エンドユーザーに合った既存製品または既存技術提案	0.801
Q9 顧客企業に対し，エンドユーザーに合ったプロモーション活動	0.801
固有値	2.0
累積寄与率（%）	69.1

量を占めていることから,「ニーズの認知」と名付けた。第2因子は,ニーズを組織が共有する,または共有するために組織内行動・コミュニケーション関係の設問項目が高い負荷量を占めていることから,「ニーズの共有」と名付けた(表・10 要素Ⅲ因子分析 参照)。

「要素Ⅳ・市場適応製品開発」では固有値の変化 (3.7, 0.9, 0.7……) 累積寄与率 (53.2%, 65.4%, 75.5% ……) という結果が得られ,1因子を抽出し,因子名を「情報収集力」と名付けた(表・11 要素

表・10 要素Ⅲ因子分析

要素Ⅲ・顧客企業のニーズ	因子	
	1ニーズの認知	2ニーズの共有
Q11 顧客企業のニーズと自社の技術を一致させ,顧客企業に提案する能力	**0.809**	0.188
Q6 顧客企業のニーズに合った製品提案	**0.790**	0.015
Q2 顧客企業のニーズを聞き出す能力	**0.642**	0.082
Q28 顧客企業のニーズに合わせた製品開発のスケジューリングを行っている	**0.568**	0.354
Q29 顧客企業のニーズを理解し製品開発に適した人材構成を行っている	**0.536**	0.421
Q27 顧客企業のニーズに合わせた製品開発プランニングを行っている	**0.535**	0.486
Q25 部署内で普段からコミュニケーションを行っている	0.034	**0.851**
Q26 社内部署間で普段からコミュニケーションを行っている	0.064	**0.846**
Q30 収集した市場情報の社内共有化を行っている	0.293	**0.655**
Q21 社内メンバーに顧客ニーズを正確に伝える	0.472	**0.534**
Q22 社内メンバー間で顧客のニーズを共有化する	0.418	**0.459**
固有値	4.6	1.4
累積寄与率 (%)	42.1	54.8

Ⅳ因子分析　参照)。

「要素Ⅴ・コミュニケーション力」は固有値の変化 (3.5, 0.8, 0.6……) 累積寄与率 (59.1%, 71.8%, 81.7% ……) という結果が得られ, 1因子を抽出した。これを「コミュニケーション」と名付けた (表・12　要素Ⅴ因子分析　参照)。

「要素Ⅵ・プロモーションのツール選択」は固有値の変化 (3.1, 1.0, 1.0 ……) 累積寄与率 (38.3%, 51.2%, 63.6% ……) という結果が得られ, 固有値の変化, 累積寄与率の値, また, 設問項目内容から, 3因子より2因子が妥当と考えられた。第1因子は企業の組織に関わる人材の人脈が設問項目において高い負荷量を占めているため「企業内ネットワーク」と名付け, 第2因子は, 他業種, 他社との関わりが設問項目において高い負荷量を占めているため「他業種他社との交流」と名付けた (表・13　要素Ⅵ因子分析　参照)。

因子分析の結果9つの因子が得られたので, これら因子の各下位尺度の内的整合性, つまり α 係数を検討した。α 係数は測定が繰り返し行われた時の得点間の相関係数の推定値であり, 真の信頼性係数の下限値を与えるものである。α 値が0.5以下となるとデータの信頼性は低いと考えられ, 逆に α 値が高過ぎる場合, 同じような内容の設問が複数されていると考えられる。α 値は通常, 0.7から0.8以上であれば尺度の「内的整合性が高い」と判断され, 信頼性に問題はないと考えられている。因子分析の結果から, 各因子のクローンバックの α 値を検討した結果, 各因子とも0.5以下を示す因子はなかったが, 要素Ⅰの因子「変化と対応」要素Ⅵの因子「多業種他社との交流」の α 値は0.63, 0.6と若干低い値を示した。しかし,

表・11 要素Ⅳ因子分析

要素Ⅳ・市場適応製品開発	因子
	1情報収集力
Q24 自社技術の市場動向予測に基づく，製品開発力	0.837
Q14 自社の応用技術を用いた問題解決能力	0.737
Q23 自社技術の市場動向予測	0.729
Q12 国内外の市場動向に適応した，顧客企業への自社製品，または応用技術の提案能力	0.723
Q18 市場情報収集力	0.712
Q15 自社の特定技術における知識ではなく，幅広い技術の知識の取得	0.701
Q13 法的要素を考慮した顧客企業への自社製品，または応用技術の提案能力	0.656
固有値	3.7
累積寄与率（%）	53.2

表・12 要素Ⅴ因子分析

要素Ⅴ・コミュニケーション力	因子
	1コミュニケーション
Q4 顧客企業に対し，自社技術の可能性を伝える能力	0.865
Q10 顧客企業に対し，自社の製品，技術を理解し，共感してもらう説明能力	0.840
Q3 顧客企業に対し，自社の技術を正確に伝える能力	0.799
Q17 初期顧客企業へのプレゼン能力	0.759
Q5 顧客企業に対し，自社の製品または技術に対する「思い」を伝える能力	0.722
Q16 既存顧客企業からの製品・技術に対する共感	0.599
固有値	3.5
累積寄与率（%）	59.1

表・13 要素Ⅵ因子分析

要素Ⅵ・プロモーションのツール選択	因子	
	1 企業のネットワーク	2 他業種他社との交流
Q34「社長の業界経験年数」と「社長の人脈」との係わり	**0.785**	0.023
Q36 プロモーション活動に係わる社員の人脈	**0.644**	0.378
Q35「社員の業界経験年数」と「社員の人脈」との係わり	**0.642**	0.317
Q33「社員の他業種経験年数」と「社員の人脈」との係わり	-0.005	**0.872**
Q32「社長の他業種経験年数」と「社長の人脈」との係わり	0.203	**0.640**
Q43 展示会への出展	0.372	**0.624**
固有値	3.1	1
累積寄与率（％）	38.3	51.2

設問項目内容等を検討した結果，各値とも a 値が 0.5 以下ではないこと，また，設問も妥当であることから，信頼性ありと判断した。他の要素に対する各因子の a 値は 0.7 以上 0.95 以下の a 値を示していることから因子分析の結果は信頼性があると考えられた（表・14 各因子信頼性・a 値　参照）。

予備調査と文献を参考に，図 12 要素抽出モデルを作成，仮説を立て，アンケート調査を実施したわけであるが，因子分析と因子分析の信頼性を検討した a 値の結果から，因果関係を検証するための因子は 9 つ抽出された。そこで，その因子と潜在変数の関係を新たに構築しなおした（図・15　観測変数と潜在変数の関係　参照）。因子分析の段階においては，各要素間は何らかの相関があるが，現段階では各要素同士が与える影響を方向づけないと仮定し，矢印は双方

5章　仮説検証

表・14　各因子信頼性・a 値

因子分析	因子1	因子2
要素Ⅰ	法律	変化と対応
a 値	0.94	0.63
要素Ⅱ	ニーズ	
a 値	0.78	
要素Ⅲ	ニーズの認知	ニーズの共有
a 値	0.80	0.79
要素Ⅳ	情報収集力	
a 値	0.85	
要素Ⅴ	コミュニケーション	
a 値	0.85	
要素Ⅵ	企業内ネットワーク	他業種他社との交流
a 値	0.69	0.73

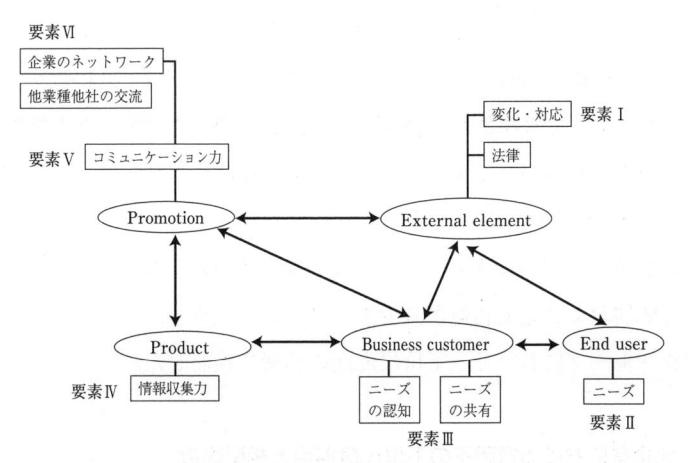

図・15　観測変数と潜在変数の関係

向で表してある。

2) 下位尺度間における相関係数の検討

　因子分析と各因子における内的整合性を検討した結果，下位尺度を構成する設問項目が決定づけられたので，次に，各因子の尺度得点を算出して，下位尺度間での相関係数を検討した。下位尺度得点の算出方法には，主に2つの算出方法がある。一つは，下位尺度に含まれる項目得点の合計値を下位尺度得点とする方法であり，もう一つは，下位尺度に含まれる項目平均値を下位尺度得点とする方法である。特に，下位尺度に含まれる項目数が大きく異なる場合は，項目平均値を下位尺度得点としたほうが，得点の大小がわかりやすくなる。今回の下位尺度得点の算出では下位尺度に含まれる項目数にばらつきがあるため，項目平均値を下位尺度得点として算出した。各因子を構成する尺度を足合わせ，尺度数で割り下位尺度得点を算出した。そして算出された値をもとに，全企業・売上利益とも増加および売上利益が減少または一方が減少しているグループ，企業設立年数10年以下・売上利益とも増加および売上利益が減少または一方が減少しているグループ，企業設立年数11年以上・売上利益とも増加および売上利益が減少または一方が減少しているグループの9グループにおいて，下位尺度間の相関を検討した。

① 全企業における各因子の下位尺度得点と相関係数

　まず，全企業における下位尺度間での相互相関を表・15（下位尺度相互相関　参照）に示す。この図表が示す通り，すべての下位尺

5章 仮説検証 97

表・15 下位尺度相互相関

相関係数	ニーズ	法律	変化と対応	ニーズの認知	ニーズの共有	情報収集力	コミュニケーション	企業のネットワーク	他業種他社との交流
ニ　ー　ズ	1	0.159	.280(**)	.430(**)	.277(**)	.451(**)	.304(**)	0.196	0.119
法　　　律		1	.496(**)	0.002	.239(*)	0.102	-0.050	.309(**)	.322(**)
変化と対応			1	0.205	.243(*)	.245(*)	0.146	.381(**)	.357(**)
ニーズの認知				1	.587(**)	.650(**)	.601(**)	.353(**)	0.200
ニーズの共有					1	.522(**)	.436(**)	.345(**)	.216(*)
情報収集力						1	.563(**)	.632(**)	.250(*)
コミュニケーション							1	.345(**)	.343(**)
企業のネットワーク								1	.466(**)
他業種他社との交流									1

** 相関係数は 1% 水準で有意（両側）
* 相関係数は 5% 水準で有意（両側）

度間において有意性は得られなかったが，「ニーズ」と「法律」「企業のネットワーク」「他業種他社との交流」，「法律」と「ニーズの認知」「情報収集力」「コミュニケーション」，「変化と対応」と「ニーズの認知」「コミュニケーション」以外の因子間では，有意な正の相関がみられた。

② 企業設立年数別における各因子の下位尺度得点と相関係数

次に，企業設立年数別にみた因子間の相関を示す（表・16　企業設立年数別相関　参照）。

企業設立年数別に考察すると，全体の傾向として，企業設立年数11年以上の企業グループにおいては，各因子間において概ね有意な相関があると考えられる。その一方，企業設立10年以下の企業グループにおいては，情報収集力，コミュニケーションの2つの因

表・16 企業設立年数別相関

	ニーズ	法律	変化と対応	ニーズの認知	ニーズの共有	情報収集力	コミュニケーション	企業のネットワーク	他業種他社との交流
ニーズ		0.088	0.201	.630(**)	.340(*)	.647(**)	.430(**)	0.143	0.039
法　　律	0.255		.399(*)	-0.086	0.094	0.088	0.135	.370(*)	.364(*)
変化と対応	.357(*)	.610(**)		-0.015	0.058	0.106	0.107	.406(*)	0.265
ニーズの認知	0.274	0.2	.397(**)		.498(**)	.700(**)	.735(**)	0.174	0.055
ニーズの共有	0.227	.478(**)	.397(**)	.659(**)		.600(**)	.510(**)	0.286	0.129
情報収集力	.310(*)	0.21	.384(**)	.600(**)	.462(**)		.549(**)	0.326	0.163
コミュニケーション	0.232	0.059	0.263	.501(**)	.416(**)	574(**)		0.297	0.072
企業のネットワーク	0.222	.416(**)	.386(**)	.477(**)	.385(**)	.835(**)	.352(**)		.494(**)
他業種他社との交流	0.177	.339(*)	.430(**)	.313(*)	.287(*)	.319(*)	.569(**)	.446(**)	

** 相関係数は 1% 水準で有意（両側）
* 相関係数は 5% 水準で有意（両側）
右上：企業設立年数 10 年以下企業　　左下：企業設立 11 年以上企業

注）右上・企業設立年数 10 年以下の企業グループ，左下・企業設立 11 年以上の企業を表してある。

子を中心として各因子間での強い相関がみられた。

③ 売上利益増減別における各因子の下位尺度得点と相関係数

次に，売上利益とも増加および売上利益とも減少または一方が減少のグループにおける相関を示す（表・17　売上利益増減別の下位尺度相互相関　参照）。

この２つのグループにおける相互相関では，売上利益とも増加しているグループにおいて，21 の正の有意な相関がみられ，逆に売上利益とも減少または一方が減少しているグループにおいては，増加グループの約半分の 12 の有意な正の相関が確認されるにとどまった。以下に，有意な正の相関が見出された因子間の関係を詳しくみていく。

表・17 売上利益増減別の下位尺度相互相関

	ニーズ	法律	変化と対応	ニーズの認知	ニーズの共有	情報収集力	コミュニケーション	企業のネットワーク	他業種他社との交流
ニーズ		0.174	.276(*)	.483(**)	.303(*)	.576(**)	.411(**)	0.169	0.194
法律	-0.302		.410(**)	-0.033	0.206	0.125	0.149	.295(*)	.337(*)
変化と対応	-0.178	0.3		0.167	0.163	0.218	0.2	.408(**)	0.238
ニーズの認知	.572(**)	-0.316	-0.13		.595(**)	.701(**)	.674(**)	.285(*)	0.187
ニーズの共有	0.078	-0.191	0.222	.552(**)		.596(**)	.500(**)	.357(**)	.297(*)
情報収集力	.454(*)	-0.218	0.238	.724(**)	.675(**)		.591(**)	.364(**)	0.229
コミュニケーション	0.258	-0.066	0.036	.742(**)	.507(**)	.668(**)		.284(*)	0.119
企業のネットワーク	0.355	-0.006	0.36	.399(*)	0.336	.413(*)	0.305		.439(**)
他業種他社との交流	0.017	0.337	.429(*)	-0.004	0.043	0.252	0.243	.570(**)	

** 相関係数は 1% 水準で有意(両側)
* 相関係数は 5% 水準で有意(両側)
右上:売上利益↑　左下:売上利益↓

注)右上・売上利益とも増加グループ,左下・売上利益減少または一方減少で表してある。

　まず,売上利益とも増加しているグループでは,「ニーズ」と「変化と対応」「ニーズの認知」「ニーズの共有」「情報収集力」「コミュニケーション」,「法律」と「変化と対応」「企業のネットワーク」「他業種他社との交流」,「変化と対応」と「企業のネットワーク」,「ニーズの認知」と「ニーズの共有」「情報収集力」「コミュニケーション」「企業のネットワーク」,「ニーズの共有」と「情報収集力」「コミュニケーション」「企業のネットワーク」「他業種他社との交流」,「情報収集力」と「コミュニケーション」「企業のネットワーク」,「コミュニケーション」と「企業のネットワーク」,「企業のネットワーク」と「他業種他社との交流」の因子間において正の有意な相関がみられた。
　一方,売上利益とも減少または一方が減少のグループでは,「ニー

ズ」と「ニーズの認知」,「ニーズの共有」と「ニーズの認知」,「情報収集力」と「ニーズの認知」「ニーズの共有」,「コミュニケーション」と「ニーズの認知」「ニーズの共有」「情報収集力」,「企業のネットワーク」と「ニーズの認知」「情報収集力」,「他業種他社との交流」と「変化と対応」「企業のネットワーク」の因子間において正の有意な相関がみられた。

また,これら2つのグループ間で共通に有意な正の相関として「ニーズ」と「ニーズの認知」「情報収集力」,「ニーズの認知」と「ニーズの共有」,「情報収集力」と「ニーズの認知」「ニーズの共有」,「コミュニケーション」と「ニーズの認知」「ニーズの共有」「情報収集力」,「企業ネットワーク」と「ニーズの認知」「情報収集力」,「他業種他社との交流」と「企業のネットワーク」の11の相関関係が挙げられた。

さらに,これら11の(グループ間に共通の有意な正の)相関関係において,「ニーズ」と「情報収集力」,「ニーズの認知」と「ニーズの共有」の因子間では,売上利益とも減少または一方減少グループと比較して売上利益とも増加グループの方が,より相関が強く,逆に「ニーズ」と「ニーズの認知」,「情報収集力」と「ニーズの認知」「ニーズの共有」,「コミュニケーション」と「ニーズの認知」「ニーズの共有」「情報収集力」,「企業ネットワーク」と「ニーズの認知」「情報収集力」,「他業種他社との交流」と「企業のネットワーク」の因子相関においては,売上利益減少または一方が減少のグループにおいて,より一層強い相関がみられた。

以上から,両グループに共通する有意な正相関の因子間関係にお

いては，売上利益とも減少または一方減少のグループの方が値的にはより強い相関を示す傾向がある。しかし，正の有意な相関を示す因子間の関係の数は売上利益とも増加のグループの方が多い。すなわち，売上利益増加のグループと売上利益減少または一方減少のグループとを比較した場合，正の相関を示す因子関係の絶対数から考察すれば，売上利益増加のグループにおける因子間の相関関係の方がより強く正の影響を与え合っていると推測されるのである。

④ 企業設立年数，売上利益増減両側面における相関

上述のとおり，下位尺度得点における相関分析（全企業における因子間，企業設立年数別の因子間，売上利益増減別の因子間）を行った結果，全企業における因子間では概ね有意な正相関があることが示唆された。また，企業設立年数別，売上利益増減別の相関分析では，企業設立年数11年以上のグループおよび売上利益とも増加グループにおいて，強い正相関が認められた。しかし，これら企業設立年数別，売上利益増減別のみの相関をバラバラにみただけでは，各因子間における相関の有無を最終的に決定することは難しい。

たとえば，本研究のベンチャー企業の倒産データの箇所でも述べたが，ベンチャー企業は設立後5年未満での倒産確立が一般企業と比較して最も高く，また，10年未満での倒産は累積すると約40％に達するというのが，日本のベンチャー企業の現状である。

そこで，売上利益増減別グループをさらに企業設立年数別に分け，再度，因子間における相互相関を検討した。設立年数の区別は，ベンチャー企業の倒産率が高い会社設立10年という期間を境として

分別した。まず，設立10年以下と設立11年以上というグループ分けを行い，さらにこれら2つのグループを売上利益増減別に分けて，相互相関について検討した。

まず，企業設立10年以下の企業グループにおける売上増減別の相互相関をみていく（表・18　企業設立10年以下・売上増減別の下位尺度相互相関　参照）。これら2つのグループ内における有意な正の相関の数は，ほぼ同数であった。また，有意な正の相関を示した因子間関係は2つのグループ間において概ね共通していた。以上から，これらグループ間においては，相関関係の強さに差はみられなかった。

次に，設立11年以上における売上利益増減グループ別の相互相関を示す（表・19　企業設立11年以上・売上増減別の下位尺度相互相関　参照）。

表・18　企業設立10年以下・売上増減別の下位尺度相互相関

	ニーズ	法律	変化と対応	ニーズの認知	ニーズの共有	情報収集力	コミュニケーション	企業のネットワーク	他業種他社との交流
ニ ー ズ		0.248	0.307	.506(**)	0.25	.580(**)	.371(*)	-0.049	0.036
法　　律	-0.209		0.416	0.069	0.373	0.268	0.271	.519(**)	0.371
変化と対応	0.032	0.344		0.101	0.153	0.143	0.331	.455(*)	0.218
ニーズの認知	.868(**)	-0.349	-0.237		.431(*)	.652(**)	.695(**)	0.039	0.117
ニーズの共有	0.571	-0.43	-0.218	.633(**)		.590(**)	465(**)	0.286	0.316
情報収集力	.915(**)	-0.452	-0.025	.931(**)	.726(**)		.517(**)	0.246	0.224
コミュニケーション	.662(*)	-0.204	-0.507	.886(**)	0.567	.695(*)		0.283	0.093
企業のネットワーク	.880(**)	-0.127	0.195	.678(**)	0.291	.772(*)	0.331		.559(**)
他業種他社との交流	0.11	0.322	0.313	-0.075	-0.427	-0.092	-0.116	0.188	

** 相関係数は1%水準で有意（両側）
* 相関係数は5%水準で有意（両側）
右上：設立10年↓売上利益↑　　左下：設立10年↓売上利益↓

注）右上・企業設立年数10年以下売上利益とも増加グループ，左下・企業設立年数10年以下売上利益減少または一方減少で表してある。

売上利益とも増加グループと売上利益とも減少または一方減少のグループでは，正の有意な相関を示す数に差がみられた。まず，売上利益とも増加グループにおいては，売上利益とも減少または一方減少グループよりもかなり多い 16 個の因子間での正の有意な相関が確認された。有意な正の相関が得られた因子間関係としては「ニーズ」と「ニーズの認知」「ニーズの共有」「情報収集力」「コミュニケーション」，「法律」と「変化と対応」，「変化と対応」と「企業のネットワーク」，「ニーズの認知」と「ニーズの共有」「情報収集力」「コミュニケーション」「企業のネットワーク」，「ニーズの共有」と「情報収集力」「コミュニケーション」「企業のネットワーク」，「情報収集力」と「コミュニケーション」「企業のネットワーク」，「企

表・19 企業設立 11 年以上・売上増減別の下位尺度相互相関

	ニーズ	法律	変化と対応	ニーズの認知	ニーズの共有	情報収集力	コミュニケーション	企業のネットワーク	他業種他社との交流
ニ ー ズ		0.148	0.263	.482(**)	.365(*)	.611(**)	.440(**)	0.299	0.29
法　　律	-0.414		.429(*)	-0.117	0	-0.056	0.076	0.058	0.296
変化と対応	-0.362	0.271		0.216	0.18	0.312	0.1	0.375	(*)0.265
ニーズの認知	0.246	-0.348	-0.184		.772(**)	.762(**)	.663(**)	.486(**)	0.239
ニーズの共有	-.498(*)	0.141	0.51	0.15		.603(**)	.553(**)	.440(**)	0.28
情報収集力	0.02	0.068	0.428	0.273	.542(*)		.686(**)	.502(**)	0.232
コミュニケーション	-0.031	0.034	0.245	.513(*)	0.195	.595(*)		0.295	0.154
企業のネットワーク	0.101	0.082	0.322	-0.086	0.134	0.058	-0.02		.330(*)
他業種他社との交流	-0.069	0.37	0.452	-0.106	0.266	0.45	0.298	.709(**)	
** 相関係数は 1% 水準で有意（両側）									
* 相関係数は 5% 水準で有意（両側）									
右上：設立 11 年↑売上利益↑　　左下：設立 11 年↑売上利益↓									

注）右上・企業設立年数 11 年以上売上利益とも増加グループ，左下・企業設立年数 11 年以上売上利益減少または一方減少で表してある。

業のネットワーク」と「他業種他社との交流」が挙げられる。

一方，売上利益とも減少または一方減少グループでは，わずか5個の因子間関係において正の有意な相関が得られたにとどまった。5つの有意な正の相関が得られた因子間関係は，「ニーズ」と「ニーズの共有」，「ニーズの認知」と「コミュニケーション」，「ニーズの共有」と「情報収集力」，「コミュニケーション」と「情報収集力」「企業のネットワーク」と「他業種他社との交流」である。しかし，売上利益とも減少または一方減少グループで正の有意な相関が得られた因子間の相関関係は，すべて，売上利益とも増加のグループと共通しているものであり，このグループにおいてのみみられた正の有意な相関ではなかった。また，相互相関が示す値をみると，「企業のネットワーク」と「他業種他社との交流」以外，データが示す値はすべて売上利益とも増加のグループの方が高かった。

⑤ 各因子間における相関関係の考察

以上，各因子間における下位尺度の相互相関データから，2つのポイントが示された。

一つは，企業の売上利益増減別だけではなく，企業設立年数の違いを考慮に入れたグループ別の検討が必要であるという点である。実際，企業設立年数，売上利益増減をクロスさせた因子間相関分析の結果から，どちらか一方のみでの分析では正確な分析結果を得にくいことがわかった。仮説操作モデル（図・13 仮説操作モデル　参照）において表したように，各因子は潜在変数に所属している。よって，潜在変数の因果関係を検討するに際しては，4グループ（企業

設立10年以下・売上利益増減別グループと、企業設立11年以上・売上利益増減別グループの4つの母集団）での解析を考えねばならない。

2つ目のポイントは、因子分析により得られた因子を基に各因子間の下位尺度相関を求めた結果、以下のとおり一定の傾向が確認されたという点である。全企業における下位尺度間の相互相関（表・15 下位尺度相互相関　参照）については、「ニーズ」と「法律」「企業のネットワーク」「他業種他社との交流」、「法律」と「ニーズの認知」「情報収集力」「コミュニケーション」、「変化と対応」と「ニーズの認知」「コミュニケーション」以外の因子間関係において、有意な正の相関がみられた。

さらに、各因子間における下位尺度の相互相関を、企業設立年数別、売上利益増減別に比較すると次のような傾向が示された。企業設立年数10年以下の企業では、主に「情報収集力」と「コミュニケーション」の2つの因子と各因子間において強い相関が示される。一方、企業設立年数11年以上の企業では、「ニーズ」と各因間の相関は低く、その他の因子間では概ね強い相関を示している。このことから、企業設立年数10年以下の企業においては、「情報収集力」と「コミュニケーション」の2つの因子と各因子の間で正の影響が存在していると推測される。また、企業設立11年以上の企業においては、「ニーズ」と各因子は影響を与え合っていないと推測される。

次に、売上利益増加グループ（表・17 売上利益増減別の下位尺度相互相関　参照）、企業設立10年以下・売上利益増加グループ（表・18 企業設立10年以下・売上増減別の下位尺度相互相関　参照）、企業

設立11年以上・売上利益増加グループ（表・19　企業設立11年以上・売上増減別の下位尺度相互相関　参照）では，各グループ共通して「ニーズの認知」「ニーズの共有」「情報収集力」「コミュニケーション」の4因子がそれぞれの因子間において強い正の相関を示している。このことから，売上利益が増加している企業においては，企業設立年数にかかわらず，「ニーズの認知」「ニーズの共有」「情報収集力」「コミュニケーション」の各因子は，互いに正の影響を与え合う関係であると推測される。

これらの相関関係は，明らかに先にみた仮説操作モデル（図・13　仮説操作モデル　参照）のパスの流れと整合性を有している。仮説操作モデルのパス図をみると，仮説Ⅰ，Ⅲ．Ⅳ，Ⅵは共通して要素Ⅲ「顧客企業のニーズ」を要素経路の終着要素としている。この要素Ⅲ「顧客企業のニーズ」を構成する因子は「ニーズの認知」「ニーズの共有」に他ならない。同様に仮説Ⅱにおいては「情報収集力」，仮説Ⅴにおいては「コミュニケーション」が，それぞれパス図における終着の要素構成因子となっている。

以上，下位尺度得点における相関分析においては，因子分析により抽出された因子の間の相関について考察した。次項では，各グループにおける因子の差について，t検定を用いて分析する。

3) t検定による分析

t検定は，以下の項目について実施する。① 売上利益増減別のグループ間比較，② 企業設立年数別のグループ間比較，③ 売上利益増減および企業設立年数別による4グループ間での比較

t検定の結果，①売上利益増減別のグループ間比較については，t検定の得点差は有意ではなかった（表・20　t検定・売上利益増減　参照）。

　② 企業設立年数別のグループ間比較においては，企業設立11年以上のグループの「法律」(t(50)=3.010　P＜0.01)と「コミュニケーション」(t(53)=4.383　P＜0.001)において，得点に有意差がみられた（表・21　t検定・企業設立年数別　参照）。

　③ 売上利益増減および企業設立年数別による4グループ間での比較については，以下のとおりである。

　企業設立10年以下の売上増減のグループ間においては，各因子の得点に有意な差はみられなかった（表・22　t検定・設立10年以下売上利益増減　参照）。

　次に，設立11年以上売上利益増減のグループ間においても，同様にt検定を行ってみた。

表・20　t検定・売上利益増減

t検定	売上利益↑		売上利益↓		t値
	平均	SD	平均	SD	
ニーズ	2.279	0.683	2.383	0.590	0.694
法　律	2.756	0.715	2.747	0.702	0.054
変化と対応	2.274	0.417	2.256	0.480	0.174
ニーズの認知	2.020	0.458	2.199	0.467	1.688
ニーズの共有	1.916	0.436	2.000	0.557	0.784
情報収集力	2.119	0.556	2.229	0.416	0.886
コミュニケーション	1.812	0.506	1.883	0.558	0.601
企業のネットワーク	2.174	0.623	2.449	0.573	2.023
他業種他社との交流	2.303	0.626	2.307	0.645	0.025

その結果，企業設立年数 11 年以上売上増減のグループ間において，「ニーズの認知」(t(44)=2.674, P<.05),「ニーズの共有」(t(29)

表・21　t 検定・企業設立年数別

t 検定	企業設立 10 年以下		企業企業設立 11 年以上企業		
	平均	SD	平均	SD	t 値
ニーズ	2.276	0.567	2.347	0.619	0.567
法　律	2.800	0.809	2.347	0.580	3.010**
変化と対応	2.216	0.446	2.137	0.426	0.841
ニーズの認知	2.004	0.479	2.149	0.460	1.478
ニーズの共有	1.857	0.536	1.922	0.507	0.609
情報収集力	2.115	0.590	2.284	0.589	1.321
コミュニケーション	1.694	0.491	2.170	0.550	4.383***
企業のネットワーク	2.162	0.616	2.315	0.619	1.174
他業種他社との交流	2.289	0.658	2.314	0.611	0.186

***　***P ＜ 0.001 水準で有意（両側）
**　　**P ＜ 0.01 水準で有意（両側）

表・22　t 検定・設立 10 年以下売上利益増減

t 検定	設立 10 年以下売上利益↑		設立 10 年以下売上利益↓		
	平均	SD	平均	SD	t 値
ニーズ	2.267	0.549	2.333	0.667	0.315
法　律	2.819	0.810	2.733	0.886	0.275
変化と対応	2.223	0.421	2.127	0.502	0.557
ニーズの認知	1.989	0.435	2.000	0.619	0.063
ニーズの共有	1.903	0.500	1.700	0.662	1.031
情報収集力	2.137	0.636	2.079	0.501	0.248
コミュニケーション	1.715	0.441	1.517	0.518	1.185
企業のネットワーク	2.149	0.627	2.074	0.494	0.329
他業種他社との交流	2.333	0.648	2.074	0.683	1.031

=2.13, P<.05), 「企業のネットワーク」(t(36)=3.015, P<.01) について, 企業設立年数 11 年以上で売上利益増加のグループよりも売上利益減少のグループの方が, 有意に高い得点を表した (表・23 t 検定・設立 11 年以上売上利益増減　参照)。その他の因子については, 企業設立年数 11 年以上売上利益増減のグループ間の得点差においては, 有意差は見出せなかった。

このことから, 企業設立年数 11 年以上の売上利益減少のグループにおいて, 同じ企業設立年数の売上利益増加のグループと比較した場合, 得点が高くかつ有意差もあることから, 企業設立年数 11 年以上売上利益減少のグループにおいて,「ニーズの認知」と「ニーズの共有」「企業のネットワーク」の 3 因子が市場適応・成長に負の影響を与えている可能性が考えられる。次に, 企業年数での売上

表・23 t 検定・設立 11 年以上売上利益増減

t 検定	設立 11 年以上売上利益↑		設立 11 年以上売上利益↓		t 値
	平均	SD	平均	SD	
ニーズ	2.296	0.792	2.412	0.559	0.540
法　律	2.699	0.652	2.756	0.584	0.285
変化と対応	2.294	0.411	2.333	0.467	0.302
ニーズの認知	2.032	0.479	2.323	0.301	2.674*
ニーズの共有	1.924	0.387	2.176	0.412	2.130*
情報収集力	2.113	0.501	2.313	0.351	1.432
コミュニケーション	1.865	0.531	2.098	0.472	1.549
企業のネットワーク	2.162	0.607	2.647	0.520	3.015**
他業種他社との交流	2.261	0.614	2.438	0.605	0.963
** **P < 0.01 水準で有意（両側）					
* **P < 0.05 水準で有意（両側）					

増減間での検討だけではなく、企業年数と売上利益増加、または減少のグループ間では、有意な差がみられるのか、また、企業設立年数10年以下と11年以上で売上利益減少のグループ間においても同様に有意義な差がみられるのか、t検定を行ってみた。その結果、企業設立年数10年以下と11年以上でともに売上利益増加のグループ間では有意な差はみられなかった（表・24　t検定・企業設立年数10年以下&11年以上売上利益増加グループ間比較　参照）。

一方、企業設立年数10年以下と11年以上でともに売上利益減少グループ間でも同様にt検定を行ってみた（表・25　t検定・企業設立年数10年以下&11年以上売上利益減少グループ間比較　参照）。その結果、2つの因子・コミュニケーション（$t(17)=2.91\ P<.05$）、企業のネットワーク（$t(17)=2.763\ P<.05$）において有意な差がみられた。

この結果、売上利益減少グループ間での比較では、企業設立年数

表・24　t検定・企業設立年数10年以下&11年以上売上利益増加グループ間比較

t検定	設立10年以下売上利益↑		設立11年以上売上利益↑		
	平均	SD	平均	SD	t値
ニーズ	2.827	0.794	2.699	0.652	0.661
法　律	2.250	0.464	2.269	0.437	0.164
変化と対応	2.258	0.542	2.296	0.792	0.227
ニーズの認知	2.005	0.438	2.032	0.479	0.233
ニーズの共有	1.906	0.492	1.924	0.387	0.171
情報収集力	2.127	0.626	2.113	0.501	0.099
コミュニケーション	1.750	0.477	1.865	0.531	0.939
企業のネットワーク	2.189	0.653	2.162	0.607	0.173
他業種他社との交流	2.356	0.648	2.261	0.614	0.609

表・25 t検定・企業設立年数10年以下&11年以上売上利益減少グループ間比較

t検定	設立10年以下売上利益↓		設立11年以上売上利益↓		
	平均	SD	平均	SD	t値
ニーズ	2.733	0.886	2.756	0.584	0.076
法　律	2.056	0.540	2.284	0.403	1.224
変化と対応	2.333	0.667	2.412	0.559	0.328
ニーズの認知	2.000	0.619	2.323	0.301	1.791
ニーズの共有	1.700	0.662	2.176	0.412	2.318
情報収集力	2.079	0.501	2.313	0.351	1.368
コミュニケーション	1.517	0.518	2.098	0.472	2.910*
企業のネットワーク	2.074	0.494	2.647	0.520	2.763*
他業種他社との交流	2.074	0.683	2.438	0.605	1.377
**P < 0.05水準で有意（両側）					

が長い11年以上のグループの方が，因子における得点に有意な差がみられることから，企業年数が長く売上利益減少のグループは企業設立年数が10年以下の同グループと比較して，コミュニケーションと企業内ネットワークの2つの因子について負の影響を受けていると考えられる。また，t検定の結果から，売上利益増加と減少間での比較では，有意な差がみられず，企業年数と売上増加，減少を比較することではじめて有意な差がみられることから，因果関係を検証するにあたっては，企業年数と売上利益とを比較した4グループでの検証が必要となる。

4）重回帰分析による因子間の因果関係検証

本節2）における各因子間の相関分析から，因子間には何らかの相関関係がみられ，なおかつそれら相関関係は前出の仮説とも整合

性を有していることが明らかになった。しかし、いかに相関係数の値が高くとも、その事実のみをもって因果関係ありと断定することはできない。そこで次に、これら因子について重回帰分析を行い、因子間の因果関係をさらに探索した。

本研究の目的は、技術系ベンチャー企業が「独自の技術を活かし、市場適応する」際のマーケティング行動のベストプラクティスを探ることである。こうした目的に沿って、本研究では「顧客企業の獲得」のための技術系ベンチャー企業の行動についての仮説を構築した。こうした研究目的および仮説構築目的を踏まえれば、因子間の因果関係における分析視点は、「顧客企業の獲得」と「市場適応」であると考えられる。そこで、先の相関分析を踏まえ、重回帰分析の手法を用いて、因子間の因果関係について明らかにすることにした。具体的には、仮説操作モデルにおけるパス経路に沿って、従属変数を「ニーズの認知」、独立変数をニーズの認知以外の因子として、重回帰分析を強制投入法で行った。

重回帰分析の結果、全企業の重回帰分析では、R2 は .703 であり、有意確率 0.01％水準で有意であった。企業設立年数別では企業設立年数 10 年以下で R2 は .818、11 年以上で R2 は .736 で供に有意確率 0.01％水準であった。売上利益増加では売上利益増加では R2 は .757、有意確率 0.01％水準、売上利益減少、または一方減少では R2 が .809、有意確率 0.1％であった（表・26　重回帰分析　参照）。

β 値から、全体では、明らかに「ニーズ」「ニーズの共有」「コミュニケーション」は「ニーズの認知」因子に正の影響を与え、「法律」は負の影響を及ぼしている。企業設立別では、企業設立 10 年以下

表・26 重回帰分析

重回帰分析	全体	設立10年以下	設立11年以上	売上利益増加	売上利益減少
	β	β	β	β	β
法　律	-0.177*	-0.209	-0.160	-0.234**	-0.021
変化と対応	-0.156	-0.240	-0.082	-0.022	-0.089
ニーズ	0.210*	0.417**	0.190	-0.035	0.334
ニーズの共有	0.239*	0.012	0.464**	0.013	0.143
情報収集力	0.206	0.182	0.103	0.173	-0.186
コミュニケーション	0.392***	0.435**	0.350**	0.266*	0.367
企業のネットワーク	0.052	0.032	0.070	0.321**	0.272
他業種他社との交流	-0.021	0.075	-0.087	0.427**	0.132

* $p<0.5$　** $p<0.1$　*** $p<0.01$

においては「ニーズ」「コミュニケーション」因子が，11年以上においては「ニーズの共有」「コミュニケーション」因子が，それぞれ「ニーズの認知」因子との間で正の影響を示している。また，売上利益増加企業においては，「コミュニケーション」「企業内ネットワーク」「他業種他社との交流」が正の影響を，「法律」は負の影響を「ニーズの認知」因子に及ぼしている。そして，売上利益減少または一方が減少グループにおいては有意な β 値は示されなかった。

表・26における β の値から，第1に，企業設立年数にかかわらず，売上利益が増加している企業は，顧客企業とのコミュニケーションを図り，顧客企業のニーズの認知を重要視していることがわかる。従って，先の仮説操作モデルにおける「コミュニケーション」から「顧客企業ニーズ」へのパス経路においては，因果関係が存在し得

ると考えられる。

　第2に，同じく，βの値から，ニーズを認知して"組織として共有"するという点については，企業設立10年以下の企業では難しく，ニーズ認知のため一定の時間が必要であることが示唆された。つまり，設立から時間が浅く，経験値が浅い企業組織は，顧客企業のニーズの共有化を行えるほど，組織が成熟していないと推察されるのである。

　第3に「法律」と「ニーズの認知」における因果関係は，全体および売上利益増加において，負の影響を示している。以上から，特定の法規制があることによって，顧客ニーズを探索・認知する機会と動機が奪われている可能性が示唆される。つまり，技術系ベンチャー企業にとって，ある種の法規制は顧客企業のニーズの認知にマイナスの影響を与えていると推測されるのである。

5) 共分散構造モデルによる因果関係検証

　最後に，因子分析の結果抽出された9つの因子と潜在変数（図・15　観測変数と潜在変数の関係　参照）を用いて，仮説に沿ったパス図（図・16　潜在変数間の因果関係検証モデル　参照）を作成し，共分散構造分析による仮説の最終的検討を行った。

　先に行った下位尺度の相互相関とt検定の結果によれば，売上利益の増減グループ間の比較では，相関および有意差は見出せなかった。そこで，企業設立年数と売上利益増減をクロスさせた4グループに分け，多母集団での検証を行った（図・17－図・20　G1仮説検証モデル－G4仮説検証モデル　参照）。

5章 仮説検証　115

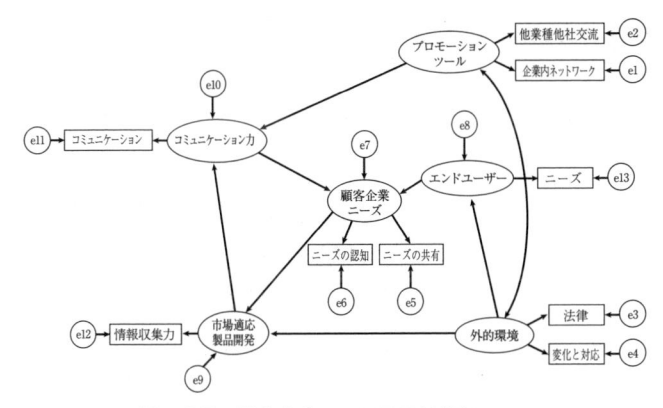

図・16 潜在変数間の因果関係検証モデル

　有意差が認められたパスを実線で表し，有意差が認められなかったパスについては点線で表示した。また，解析上，4グループをG1：企業設立年数10年以下・売上利益増加グループ（以下，G1と略）G2：企業設立年数10年以下・売上利益減少，または一方が減少グループ（以下，G2と略），G3：企業設立年数11年以上・売上利益増加グループ（以下，G3と略），G4：企業設立年数11年以上・売上利益減少，または一方が減少グループ（以下，G4と略）とした。

　ここでのモデル適合値は，CFIが0.844，RMSEAが0.083である。一般に，共分散解析のモデル採用基準値はCFIが0.9であり，RMSEAについては0.05以下であれば当てはまりが良く，0.1以上の場合は当てはまりが良くないとされる。その間の値は，通常グレーゾーンとされる。分析結果においては，CFIが若干低い値であり，またRMSEAについてはグレーゾーンであるが，仮説操作モデルとの整合性を考慮して，これを採用することとした。

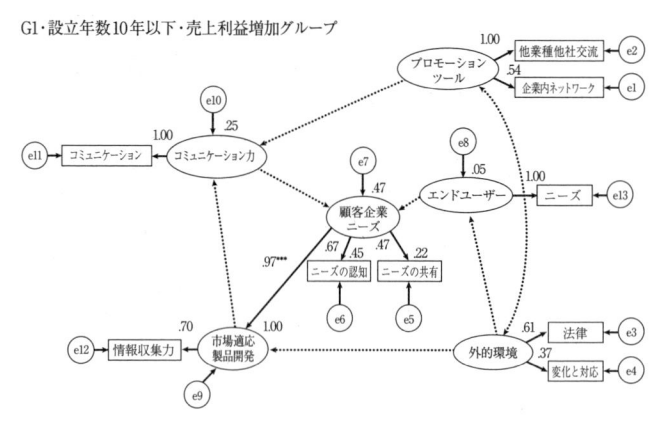

G1・設立年数10年以下・売上利益増加グループ

図・17 G1 仮説検証モデル

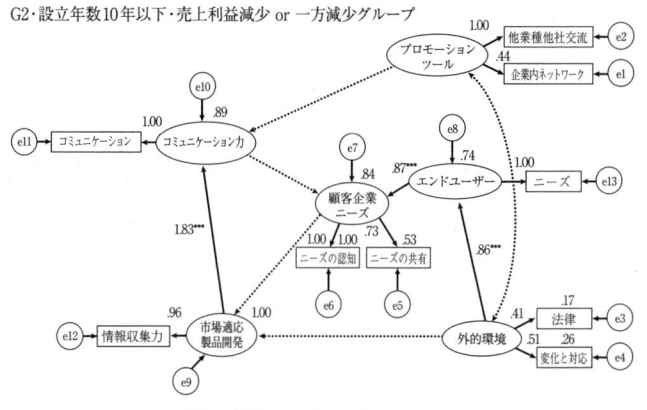

G2・設立年数10年以下・売上利益減少 or 一方減少グループ

図・18 G2 仮説検証モデル

　G1からG4の各グループの検証結果（図・17 - 20　G1仮説検証モデル - G4仮説検証モデル　参照）から，G1では「顧客企業のニーズ」から「市場適応製品開発」，G2では「外部環境」から「エンドユー

G3・設立年数11年以上・売上利益増加グループ

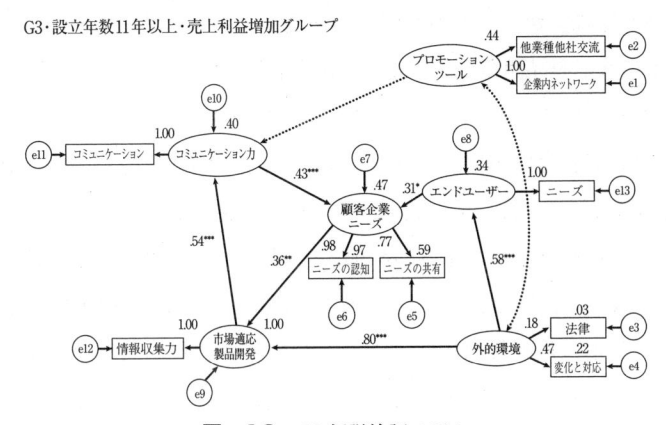

図・19 G3 仮説検証モデル

G4・設立年数11年以上・売上利益減少 or 一方減少グループ

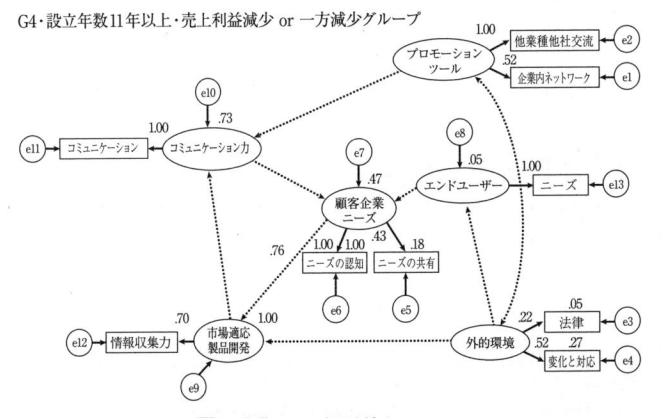

図・20 G4 仮説検証モデル

ザー」,「エンドユーザー」から「顧客企業のニーズ」,「市場適応製品開発」から「コミュニケーション力」, G3では「外的環境」から「エンドユーザー」,「エンドユーザー」から「顧客企業のニーズ」,

「外的環境」から「市場適応製品開発」,「顧客企業のニーズ」から「市場適応製品開発」,「市場適応製品開発」から「コミュニケーション力」,「コミュニケーション力」から「顧客企業のニーズ」の各パスおいて有意性が見出された。G4 においては，有意なパスは見出されなかった（表・27　潜在変数間パス有意性　参照）。

これら有意なパスを6つの仮説と照らし合わすと，G1，G2，G4では仮説の検証はされなかったが，G3 においては，仮説Ⅰ:「法制定・改正，規制緩和は，技術系ベンチャーの製品開発やプロモーション活動に正の影響を与え，顧客獲得の機会を与える要素となる」，仮説Ⅱ:「製品開発の為の市場情報収集力と応用技術による問題解決力は，国内外情勢・法制定・改正という外的要素および顧客企業ニーズへの提案力・適応力に強い関わりがある」，仮説Ⅲ:「顧客企業へ製品説明・技術説明のみのプロモーション活動より，顧客

表・27　潜在変数間パス有意性

	Ⅰ→Ⅱ	Ⅱ→Ⅲ	Ⅲ→Ⅳ	Ⅰ→Ⅳ	Ⅳ→Ⅴ	Ⅴ→Ⅲ	Ⅵ→Ⅴ
G1	×	×	○	×	×	×	×
G2	○	○	×	×	○	×	×
G3	○	○	○	○	○	○	×
G4	×	×	×	×	×	×	×

＊潜在変数
Ⅰ：外部環境　　　　　　Ⅳ：市場適応製品開発
Ⅱ：エンドユーザー　　　Ⅴ：コミュニケーション力
Ⅲ：顧客企業ニーズ　　　Ⅵ：プロモーションツール
＊グループ
G1　企業設立年数10年以下，売上利益増加グループ
G2　企業設立年数10年以下，売上利益減少 or 一方減少グループ
G3　企業設立年数11年以上，売上利益増加グループ
G4　企業設立年数11年以上，売上利益減少 or 一方減少グループ

と共感するコミュニケーションによる製品説明・技術説明を行う方が, 顧客獲得に繋がる」, 仮説Ⅳ：「自社の製品・技術を売り込むより, 組織が顧客企業のニーズを的確に把握・共有した製品開発・プロモーション活動を行う方が, 顧客獲得に繋がる」, 仮説Ⅴ：「技術系ベンチャー企業におけるB to Bマーケティングでは, エンドユーザーのニーズを把握した上で, 製品開発および顧客企業へのプロモーションを行う事が顧客獲得に繋がる」, 以上5つの仮説が検証された（表・28　仮説検証　参照）。

表・28　仮説検証

	仮説Ⅰ	仮説Ⅱ	仮説Ⅲ	仮説Ⅳ	仮説Ⅴ	仮説Ⅵ
G1	×	×	×	×	×	×
G2	×	×	×	×	×	×
G3	○	○	○	○	○	×
G4	×	×	×	×	×	×

＊グループ
G1　企業設立年数10年以下, 売上利益増加グループ
G2　企業設立年数10年以下, 売上利益減少 or 一方減少グループ
G3　企業設立年数11年以上, 売上利益増加グループ
G4　企業設立年数11年以上, 売上利益減少 or 一方減少グループ

6章　考察と今後の課題

1節　考　察

　表・27の潜在変数間パスの有意性，および，表・28の仮説検証の結果から，まず，以下の2点が明らかになった。

1：技術系ベンチャー企業が市場適応し，成長していくためには，顧客ニーズに合った製品開発を核として行う必要がある。
2：顧客企業のニーズに合わせた製品開発を行うだけでは，長期的市場適応，成長は難しい。

　上記1の理由としては，次の2つが考えられる。まず，売上利益とも減少または一方が減少のG2, G4の両グループと，売上利益とも増加グループG1, G3両グループから得られた有意なパスの違いを比較した結果，売上利益とも増加しているG1, G3グループにおいて要素Ⅲ（顧客企業のニーズ）から要素Ⅳ（市場適応製品開発）間に有意なパスが得られている（表・27　潜在変数間パス有意性　参照）。一方，売上利益とも減少，または一方減少グループ・G2, G4の両グループにおいては，このパスにおいて有意性は見出せない。このことから，売上利益を増加には，顧客企業のニーズに合った製品開発が少なからず影響を与えていることが示唆される。
　さらに，上記2の理由としては，次のような考察がなされ得る。確かに，売上利益増加グループG1, G3とも，要素Ⅲ（顧客企業の

ニーズ)から要素Ⅳ(市場適応製品開発)へは有意なパスが通っている。しかし,両グループの大きな違いは,仮説が検証されているか否かである。G1においてはすべての仮説が検証されず,技術系ベンチャー企業の市場適応・成長のために必要であると仮定した要素間のパスのつながりは得られなかった。一方,G3は要素Ⅵ(プロモーションツールの選択)から要素Ⅴ(コミュニケーション力)間以外はすべて有意なパスが見出され(表・26 潜在変数間パス有意性 参照),その結果,5つの仮説が検証された。この両グループ間の相違点は企業設立年数の違いであり,共通点は売上利益とも増加していることである。

 以上から,顧客企業のニーズに合わせた製品開発は売上利益の増加に良い影響を及ぼすが,長期的な市場適応・成長を実現するには,顧客企業のニーズに合わせた製品開発を行うだけでは難しいと考えられる。特に,企業が顧客企業のニーズを認知し,さらにそれを企業組織全体で共有した上で市場適応を図ることが極めて重要となる。このことは,重回帰分析におけるβの値からも推論される。この点について,もう少し考察を進めてみよう。

● スタートアップ期における顧客ニーズ適応の重要性

 前段において,顧客企業のニーズに合った製品開発は,企業設立年数11年以上の企業集団よりも,企業設立年数10年以下の企業集団に対する売上利益増加に強い影響を及ぼしていると述べた。このことから,顧客企業のニーズに合った製品開発のみでは長期的な市場適応・成長は望めないが,それが技術系ベンチャー企業の長期的

市場適応・成長のための「基礎」となっている可能性が示唆されると考えられる。

これを論証するために，はじめに，図 17 の G1 仮説検証モデルと図 19 の G3 仮説検証モデルにおける要素Ⅲ（顧客企業のニーズ）から要素Ⅳ（市場適応製品開発）へのパス値を見てみよう。両グループのパスの値を比較すると，確かに両グループにおいて有意なパスが見出されるが，G1 の確率は 0.001％水準で 0.97，G3 の確率は 0.01％水準で 0.36 という値を示している。この値から，G1 に属する企業集団，つまり，企業設立年数 10 年以下・売上利益増加グループにおけるパス値は，G3 グループに属する企業設立年数 11 年以上・売上利益増加グループにおけるパス値より有意差があり，顧客企業ニーズから市場適応製品開発へのより強い相関の存在が示唆された。また，アンケート調査結果から「顧客企業への製品開発やプロモーション活動に重要だと思うことは何ですか」との記述式質問項目に対し，G3 に属する技術系ベンチャー企業は約 23％の企業が「顧客企業のニーズに合わせる事」と回答し，約 16％が「マーケティング戦略」と回答している。これに対し，G1 に属する技術系ベンチャー企業は，約 36％が「顧客企業のニーズに合わせる事」と回答し，約 18％が信頼関係等の「コミュニケーション」を挙げている。以上 2 つのデータから，技術系ベンチャー企業が，経営の安定化に向けて，スタートアップ期における顧客ニーズへの適応を重要視していることがわかる。

● スタートアップ期における価格競争の問題性

G1 では，潜在変数間における有意なパスは要素Ⅲ（顧客企業の

ニーズ）から要素Ⅳ（市場適応製品開発）へのパスのみであり，すべての仮説が検証され得なかったが，売上利益は増加している。一方，G1と同様，企業設立年数が10年以下のG2は，G1と比較すると，有意なパスが3ヵ所：要素Ⅰ（外部環境）から要素Ⅱ（エンドユーザー），要素Ⅱ（エンドユーザー）から要素Ⅲ（顧客企業のニーズ），要素Ⅳ（市場適応製品開発）から要素Ⅴ（コミュニケーション力）において得られているが，売上利益は減少傾向にある。そして，「顧客企業への製品開発やプロモーション活動に重要だと思うことはなんですか」という記述式質問項目において最も多かった回答は，G1同様，約36％が顧客企業ニーズへの適応としているが，次に多かった回答としては，約18％が価格競争を挙げている。このことから，「企業設立年数が浅い技術系ベンチャー企業は顧客企業のニーズに合わせた製品開発を行わなければ，売上利益は見込めない」「仮にニーズへの適応ができたとしても，企業設立年数が浅い技術系ベンチャー企業が価格競争を選択した場合，市場適応・成長は見込めない」という知見が示され得る。

● スタートアップ期における製品の市場適応への資金集中と固定客獲得

　企業設立年数が浅い技術系ベンチャー企業が，顧客企業のニーズに合わせた製品開発に重点をおくことには2つのメリットがあると考えられる。

　一つは，限られた資金を一点に集中させ，無駄なコストを少なくできることである。繰り返しになるが，ベンチャー企業の弱みは

資金面である。資金を有効に使い，市場適応，成長を達成するためには，いたるところに資金を使うのではなく，顧客企業のニーズに合った製品開発への集中的な投資活動が戦略上不可欠なのである。実際のデータからも，G1とG2の潜在変数間における有意なパスはG2の方に多くあるが，売上利益が増加しているのはG1であることから，「資金の一点集中」の重要性が理解できる。顧客企業のニーズに合わせた製品開発を行うためだけに資金を集中させれば，プロモーションや市場調査への資金投資は少なくなるが，確実に需要が見込まれる市場に製品開発資金を投資した方がより多くのリターンを得られるのである。

2つ目のメリットは，「固定顧客の獲得」である。設立初期のベンチャー企業は，当然のことながら，認知度，信用，信頼性が低く，新たな需要を創造することは容易ではない。しかし，すでにある需要をターゲットとして固定客化し，それに合わせた製品開発を行えば，リスクは少なく，確実に収益も上がり，結果として市場適応と成長を促すのである。

● 技術系ベンチャーにおける顧客企業に対するコミュニケーションの重要性

仮説ⅠからⅥの中において，仮説Ⅵ「プロモーション活動を効果的に行い，顧客を獲得するためには，無料機構的販売プロモーション，展示会・説明会の実施や学会での人脈作りが効果的である」だけは，G1からG4のすべてのグループにおいて立証され得なかった（表・27 仮説検証 参照）。仮説Ⅵが検証されるためには，要素

Ⅵ（プロモーションのツール）から要素Ⅴ（コミュニケーション）へパスが通り，その後，要素Ⅲ（顧客企業のニーズ）までのパスが通らねばならない。潜在変数間における各要素間において（表・26　潜在変数間パス有意性　参照），要素Ⅵ（プロモーションのツール）から要素Ⅴ（コミュニケーション力）へのパスは，すべてのグループにおいては有意性が得られなかった。しかし，要素Ⅴ（コミュニケーション）から要素Ⅲ（顧客企業のニーズ）へは，G3において有意なパスが見出されている。つまり，仮説Ⅵが検証されなかった理由は，G3においては要素Ⅵ（プロモーションのツール）から要素Ⅴ（コミュニケーション）へのパスに有意性がなく，その他のグループにおいては仮説Ⅵを検証するためのすべてのパスに有意性がなかったからである。そこで，1：なぜ，G3において要素Ⅵ（プロモーションのツール）から要素Ⅴ（コミュニケーション）への有意なパスが得られなかったのか，2：なぜ，他のグループにおいては仮説Ⅵのすべてのパスが検証され得なかったのか，という2つの疑問が生じてくる。

　まず，疑問1について考えてみよう。本研究における「プロモーション」は，広義の定義が「広く企業が内外環境との間で行う知識・情報交換」のことであり，狭義の定義が「独自の技術を製品として広める」ことである。重回帰分析のβ値および共分散構造分析の結果からも，顧客企業のニーズに合わせることが売上利益に正の影響を与えることは明らかである。また，先の予備調査においては，ターゲットを絞った顧客へのアプローチが効果的であるとの見解が示された。すなわち，市場適応に成功し，成長していく技術系ベン

チャー企業は，広義のプロモーションに頼るのではなく，自社が探した標的のニーズに合わせたプロモーション活動を集中的に行っていると考えられるのである。仮に，G3に属する技術系ベンチャー企業がターゲットを絞った顧客獲得後，プロモーションを行っていると仮定すると，コミュニケーションとニーズの認知・共有の間に強い相関が存在すると考えられる。そこで，G3における相関の値（表・19　企業設立11年以上・売上増減別の下位尺度相互相関　参照）をみてみると，企業内のネットワークと他業種他社との交流とコミュニケーションの相関には有意な値はみられないが，コミュニケーションと顧客企業のニーズの認知・共有には強い相関が存在しており，有意な値を示している。これら二つの因子はお互いに，なんらかの正の影響与え合っていると推測されるのである。しかし，それだけで因果関係を立証することは難しい。そこで，因果関係を証明するために重回帰分析のβ値を確認すると，「企業設立年数に関わらず，売上利益が増加している企業は，顧客企業とのコミュニケーションを重要視している」ことが見て取れるのである。このことから，G3に属する技術系ベンチャー企業は，プロモーションとして，展示会，学会，パブリシティ等も行うが，それにも増して，日常的な，顧客企業とのコミュニケーションを重要視していることがわかる。結果，仮説Ⅵは検証されなかったと考えられるのである。

　次に，疑問2についての考察である。各グループの相関データから，いずれのグループにおいても，企業内のネットワークとコミュニケーションの相関よりも，コミュニケーションとニーズの認知・共有の間に強い相関が示されている（表・18　企業設立10年以下・

売上増減別の下位尺度相互相関，表・19　企業設立11年以上・売上増減別の下位尺度相互相関　参照)。すなわち，ここから，有意なパスが得られていないあるいは仮説検証がなされなかった各グループにおいても，プロモーションよりもコミュニケーションが重要視されているという事実が読み取れるのである。ここから，技術系ベンチャー企業が，プロモーションよりもコミュニケーションを重要視しているという事実が示唆されるのである。さらに，これについては，以下のような考察も可能である。

　G1が仮説Ⅵを検証できなかった理由として，顧客企業のニーズに合わせた製品開発のみに重きを置いた経営を行っているということが考えられる。つまり，企業設立10年未満の企業は，すべてのマーケティング手段を漏れなく使用するのではなく，顧客企業ニーズへの製品適応に集中した経営を行っているのである。このことが仮説Ⅵ及び仮説Ⅵを検証する各パスに有意なパスが得られなかった理由であると考えられる。また，G2, G4において仮説Ⅵおよび仮説Ⅵを検証する各パスに有意なパスが得られなかった理由としては，次のような原因が考えられる。

　G2, G4とも，プロモーションのツール選択に属する因子・企業内のネットワークと他業種他社との交流とコミュニケーション力に属するコミュニケーションの関係よりも，コミュニケーションとニーズの認知・共有の間において，より強い相関が存在している。しかしながら，仮説検証において有意なパスは得られておらず，顧客企業のニーズに合わせた製品開発も行われていない。つまり，G2, G4においては，顧客企業ニーズを把握した上での経営が

なされていないと考えられるのである。顧客企業ニーズへの適応を前提としたプロモーション，コミュニケーションは，これら企業集団においては重要視されていないのである。結果として，仮説Ⅵを検証する各パスにおいて有意なパスが得られず，仮説Ⅵは検証されなかったと考えられる。

2節　今後の課題

本研究は技術系ベンチャー企業における製品開発，プロモーション活動を軸としたB to Bマーケティングの市場適応，成長因子分析に焦点を当てた研究である。仮説検証結果は妥当性があり，また仮説検証結果から，技術系ベンチャー企業における市場適応，成長のための要素・因子が明らかになったことは，少なからず，日本における技術系ベンチャー企業の市場適応・成長の一助となると考えられる。

しかし，本研究においては，技術系ベンチャー企業の企業成長ステージごとの製品開発，プロモーションにおける市場適応・成長要因分析（たとえば，創業初期，成長期，成熟期の比較や，IPO の有無での比較等）を行っていない。また，技術そのものの価値と，製品に組み込まれた技術を区別せずに研究を行っている。これらについては未だ探索の余地が残されている。今後は，これら残された課題を詳細に分析し，未成熟で倒産率が高いベンチャー企業の経営を支援していきたいと考えている。

また，今後，技術系ベンチャー企業が，市場において，製品・技術を活かした長期的市場適応を行い，成長を達成するためには，コ

ア・コンピタンスの構築,つまり顧客に対して他社が真似のできない自社ならではの価値を提供する,企業の中核的な力[1]の構築も不可欠と考えられる。コア・コンピタンスは,広範囲かつ多様な市場への参入可能性をもたらし,最終製品が顧客にもたらす価値に貢献するもので,模倣が難しいものでなければならない[2]。コア・コンピタンスは,汎用性,顧客へのソリューション提供,独立性の源泉とも成る,企業の独自の戦力であると考えられる。しかしながら,それなくして,長期的に市場の変化に対応し,市場で優位なポジションを維持していくことは難しいと考えられるのである[3]。G3は,企業設立から,着実に自社のコア・コンピタンスの構築を行っていて,G4は,コア・コンピタンスの構築に積極的に投資を行わなかったという可能性も示唆される。また,G1においては,早い時期から自社のコア・コンピタンス構築に投資を行っており,それが,長期的に市場適応・成長する要因の一つになっているとも考えられるのである。これら,ベンチャー企業の成長とコア・コンピタンス構築の詳細な関連については,また稿を改めて明らかにしたいと考えている。

注
1) グロービス・マネージメント・インスティテュート編『MBA経営戦略』ダイヤモンド社　1999年　p.35
2) C・K・プラハラッド&ゲイリー・ハメル著「コア・コンピタンス経営」『*Harvard Business Review*』ダイヤモンド社　2007年2月
3) C・K・プラハラッド&ゲイリー・ハメル著　同上論文

参考文献

パチェンティ・ジェリオ・チェザレ著／高達秋良ほか訳『B2Bマーケティング―顧客価値の向上に貢献する7つのプロセス』ダイヤモンド社　2000年

竹内弘高・野中郁次郎「製品開発プロセスのマネージメント」(5章) 藤本隆宏「経営組織と新製品開発」(7章) 伊丹敬之ほか編『リーディングス日本の企業システム (2) 組織と戦略』

金井一頼・角田隆太郎『ベンチャー企業経営論』有斐閣　2002年

渡辺幸男・小川正博・黒瀬直宏・向山雅夫『21世紀中小企業論』有斐閣　2001年

嶋口充輝・和田充夫・池尾恭一・余田拓朗『マーケティング戦略論』有斐閣　2004年

植田浩史・桑原武志・本田哲夫・義永忠一『中小企業・ベンチャー企業論』有斐閣　2006年

村山裕三・地主敏樹『アメリカ経済論』ミネルヴァ書房　2004年

春田素夫・鈴木直次『アメリカの経済』岩波書店　2005年

山根節『戦略と組織を考える―MBAのための7つのケース』中央経済社　2003年

木村達也『インターナル・マーケティング―内部組織へのマーケティング・アプローチ』中央経済社　2007年

小塩真司『研究事例で学ぶSPSSとAmosによる心理・調査データ解析』東京図書　2005年

小塩真司『SPSSとAmosによる心理・調査データ解析　因子分析・共分散構造分析まで』東京図書　2004年

豊田秀樹『共分散構造分析［Amos編］―構造方程式モデリング』東京図書　2007年

朝野煕彦・鈴木督久・小島隆矢『入門共分散構造分析の実際』講談社　2005年

日本マーケティング協会編『マーケティング・ベーシックス』同文舘　2001年

グロービス・マネージメント・インスティテュート編『MBA経営戦略』ダイヤモンド社　1999年

日本経済新聞社『日経業界地図　2008年度版』日本経済新聞出版社　2007年

前田昇「ハイテクベンチャー成功のビジネスプランニング」『電子材料』2002年2月

マイケル・E・ポーター「競争の戦略：5つの要因が競争を支配する」『Harvard Business Review』ダイヤモンド社　2007年2月

田中満佐人「新製品開発におけるリスク・マネジメント」『Journal of Society of Project of Management』Vol. 6　No. 4　2004年3月

大前研一「競争は戦略の目的ではない」『Harvard Business Review』ダイヤモンド社　2007年2月

H・イーゴル・アンゾフ「企業の未来」『Harvard Business Review』ダイヤモンド社　2007年2月

C・K・プラハラッド&ゲイリー・ハメル「コア・コンピタンス経営」『Harvard Business Review』ダイヤモンド社　2007年2月

鴨志田晃「B2B2C型モデルの創造」『Harvard Business Review』ダイヤモンド社　2000年12月

黒川文子「新製品開発のタイプ別成功要因とケーススタディ」『情報科学研究』No. 21 p.10　2003年

中小企業庁『中小企業白書　2007年度版』第1-2-17図・創業・開業の準備期間中の苦労，第1-2-18図・創業・開業前に利用した資金調達，第1-2-20図・創業・開業後現在までの経営上の課題

帝国データバンク「特別企画　2004年のベンチャー企業倒産動向調査」

中小企業総合機構　平成17年度　図表6-2-1

中小企業総合機構によるベンチャー企業の経営戦略に関する研究調査・人材を必要とする分野

あずさ監査法人・各取引所資料　IPO件数シェアの推移，新興市場別・IPO件数推移

アイサプライ　半導体市場シェア率・2006年

IMS世界の医薬品市場規模・2006年

ジェフリー・ムーア著／川又政治訳『キャズム』翔泳社　2002年

スコット・A・シェーン著／スカイライトコンサルティング訳『プロ

フェッショナル・アントレプレナー』英治出版　2005 年
J・A・シュンペーター著／清成忠男訳『企業家とは何か』東洋経済新報社　1998 年
松田修一『ベンチャー企業』日本経済新聞社　1998 年
清成忠男『ベンチャー・中小企業優位の時代　新産業を創出する企業家資本主義』　東洋経済新報社　1996 年
宮脇敏哉『ベンチャー企業マーケティングと経営管理』同友館　2006 年
相田利雄・小川雅人・毒島龍一『新版・現代の中小企業』創風社　2002 年
DIAMOND ハーバードビジネス・レビュー編集部（編集）『EQ を鍛える』ダイヤモンド社　2005 年
ハンドブック編集委員会（編集）水野博之『ベンチャーハンドブック』日刊工業新聞社　1998 年
アミール・D・アクゼル＆ジャヤベル・ソウンデルパンディアン著／鈴木一功訳／手嶋宣之・原郁・原田喜美枝訳『ビジネス統計学下』ダイヤモンド社　2007 年

あとがき

　本書の目的は，独自の技術をもつベンチャー企業の B to B マーケティングについて，市場適応の成功要因を抽出し，さらにはそれら要因間の相関ならびに因果関係を明らかにすることにより，成長・発展のための原則を導き出すことにある。

　昨今，サブプライム問題に端を発する米国経済の沈滞，世界的な原材料の高騰傾向，それらに伴う国内景気の悪化により，ベンチャー設立意欲ならびにベンチャー企業への投資意欲は低下の一途を辿っている。しかしながら，本書冒頭の「ベンチャーの定義」において述べたように，グローバルな技術スタンダードを構築し，世界経済を牽引しつつある多くの巨大企業も，その創業期においては単なる一技術系ベンチャー企業に過ぎなかったのである。マクロ経済環境が不安定な今だからこそ，スタートアップ期における技術系ベンチャーのマーケティング行動はより緻密に分析されるべきかと思われる。

　技術系ベンチャー企業が成長するためには，当然のことながら，顧客ニーズに合った製品開発を行う必要がある。しかしながら，単に顧客ニーズに沿った製品開発を行うだけでは，持続的な成長は難しい。本書では，企業アンケート調査データ（計103社）の定量・定性分析を通して，4つの持続的成長に向けた適応戦略上の原則を抽出した。「スタートアップ期における顧客ニーズ適応」「スタートアップ期における価格競争の回避」「スタートアップ期における

固定客獲得のための製品への資金集中」「顧客企業に対するコミュニケーション」がそれである。最終章に明示されたこれらの原則が，本書の基本的メッセージである。

執筆者の一人である坂田さくらは，東京工科大学大学院バイオ・情報メディア研究科 目黒研究室（修士課程）の出身者である。我々は研究室OBを中心に先端技術とマーケティングの関わりについて継続的に研究活動を行っている。本書は，研究会のグループメンバーから得た知的刺激なしには完成しなかったであろう。メンバーの名前を個々に記すことはできないが，この場を借りて感謝したい。

最後に，本書の出版に際して，多くの的確な助言と励ましをいただいた株式会社学文社の田中千津子氏に，厚く御礼申し上げたい。

2008年7月11日

目黒　良門

御社の B to B（企業間）マーケティングに関するアンケート

御社が顧客企業に対する製品開発やプロモーション活動（自社の製品・技術等を顧客企業に認知してもらう時）の現状について聞かせて下さい。

対顧客企業

1	Q1	プロモーション活動時，国内外情勢，法的要素を考慮した活動を行っている	1：とてもある 2：ある 3：あまりない 4：ない	A.
4	Q2	顧客企業のニーズを聞き出す能力	1：とてもある 2：ある 3：あまりない 4：ない	A.
3	Q3	顧客企業に対し，自社の技術を正確に伝える能力	1：とてもある 2：ある 3：あまりない 4：ない	A.
3	Q4	顧客企業に対し，自社技術の可能性を伝える能力	1：とてもある 2：ある 3：あまりない 4：ない	A.
3	Q5	顧客企業に対し，自社の製品又は技術に対する「思い」を伝える能力	1：とてもある 2：ある 3：あまりない 4：ない	A.
4.5	Q6	顧客企業のニーズに合った製品提案	1：とてもある 2：ある 3：あまりない 4：ない	A.
5	Q7	顧客企業に対し，エンドユーザーのニーズに合った既存製品又は既存技術提案	1：とてもある 2：ある 3：あまりない 4：ない	A.
5	Q8	顧客企業に対し，エンドユーザーのニーズに合った新製品開発	1：とてもある 2：ある 3：あまりない 4：ない	A.
5	Q9	顧客企業に対し，エンドユーザーのニーズに合ったプロモーション活動	1：とてもある 2：ある 3：あまりない 4：ない	A.
3	Q10	顧客企業に対し，自社の製品，技術を理解し，共感してもらう説明能力	1：とてもある 2：ある 3：あまりない 4：ない	A.
4	Q11	顧客企業のニーズと自社の技術を一致させ，顧客企業に提案する能力	1：とてもある 2：ある 3：あまりない 4：ない	A.
2	Q12	国内外の市場動向に適応した，顧客企業への自社製品，又は応用技術の提案能力	1：とてもある 2：ある 3：あまりない 4：ない	A.
2	Q13	法的要素を考慮した顧客企業への自社製品，又は応用技術の提案能力	1：とてもある 2：ある 3：あまりない 4：ない	A.
2	Q14	自社の応用技術を用いた問題解決能力	1：とてもある 2：ある 3：あまりない 4：ない	A.
2	Q15	自社の特定技術における知識ではなく，幅広い技術の知識の取得	1：とてもある 2：ある 3：あまりない 4：ない	A.
3	Q16	既存顧客企業からの製品・技術に対する共感	1：とてもある 2：ある 3：あまりない 4：ない	A.
3	Q17	初期顧客企業へのプレゼン能力	1：とてもある 2：ある 3：あまりない 4：ない	A.
2	Q18	市場情報収集力	1：とてもある 2：ある 3：あまりない 4：ない	A.
		Q18で1：とてもある、2：あると回答した方に質問です 具体的に誰が，どのように市場情報を収集していますか Ex）人づて，マスメディア etc		A. 誰が A. 方法
4	Q19	顧客企業への製品開発やプロモーション活動で重要だと考えている事はなんですか		A.

対内的要素

1.5	Q20	製品開発時，国内外情勢を考慮して開発を行う	1：とてもある 2：ある 3：あまりない 4：ない	A.
4	Q21	社内メンバーに顧客ニーズを正確に伝える	1：とてもある 2：ある 3：あまりない 4：ない	A.
4	Q22	社内メンバー間で顧客のニーズを共有化する	1：とてもある 2：ある 3：あまりない 4：ない	A.
2	Q23	自社技術の市場動向予測	1：とてもある 2：ある 3：あまりない 4：ない	A.
2	Q24	自社技術の市場動向予測に基づく，製品開発力	1：とてもある 2：ある 3：あまりない 4：ない	A.
		Q24で1：とてもある　2：あると回答した方に質問です 業界内の市場動向予測はどの様な方法で予測していますか		A. 方法
4	Q25	部署内で普段からコミュニケーションを行っている	1：とてもある 2：ある 3：あまりない 4：ない	A.
4	Q26	社内部署間で普段からコミュニケーションを行っている	1：とてもある 2：ある 3：あまりない 4：ない	A.
4	Q27	顧客企業のニーズに合わせた製品開発プランニングを行っている	1：とてもある 2：ある 3：あまりない 4：ない	A.
4	Q28	顧客企業のニーズに合わせた製品開発のスケジューリングを行っている	1：とてもある 2：ある 3：あまりない 4：ない	A.
4	Q29	顧客企業のニーズを理解し製品開発に適した人材構成を行っている	1：とてもある 2：ある 3：あまりない 4：ない	A.
4	Q30	収集した市場情報の社内共有化を行っている	1：とてもある 2：ある 3：あまりない 4：ない	A.

個人属性

3	Q31	自社の技術に対する思い入れ	1:とてもある 2:ある 3:あまりない 4:ない A._____
6	Q32	「社長の他業種経験年数」と「社長の人脈」との係わり	1:とてもある 2:ある 3:あまりない 4:ない A._____
		Q32で1:とてもある 2:あると答えた方に質問です。	
		具体的にはどの様な場面で活かされていますか	A._____
6	Q33	「社員の他業種経験年数」と「社員の人脈」との係わり	1:とてもある 2:ある 3:あまりない 4:ない A._____
		Q33で1:とてもある 2:あると答えた方に質問です。	
		具体的にはどの様な場面で活かされていますか	A._____
6	Q34	「社長の業界経験年数」と「社長の人脈」との係わり	1:とてもある 2:ある 3:あまりない 4:ない A._____
6	Q35	「社員の業界経験年数」と「社員の人脈」との係わり	1:とてもある 2:ある 3:あまりない 4:ない A._____
6	Q36	プロモーション活動に関わる社員の人脈	1:とてもある 2:ある 3:あまりない 4:ない A._____
3	Q37	高度な技術を要求されても完成させる意欲	1:とてもある 2:ある 3:あまりない 4:ない A._____

製品開発やプロモーション活動時（自社の製品・技術等を顧客企業に認知してもらう時）において，自社へ影響力がある要素を聞かせください

1	Q38	法律の改正 ex)規制緩和，新規法律制定	1:とてもある 2:ある 3:あまりない 4:ない A._____
1	Q39	海外市場の変化	1:とてもある 2:ある 3:あまりない 4:ない A._____
1	Q40	世界情勢　EX) 9.11同時テロ，戦争	1:とてもある 2:ある 3:あまりない 4:ない A._____
1	Q41	日本国内の情勢 Ex)災害，事件，事故	1:とてもある 2:ある 3:あまりない 4:ない A._____
1	Q42	IT産業の発達	1:とてもある 2:ある 3:あまりない 4:ない A._____
		Q42の回答で1,2を回答した方に質問です。	
		IT産業が発達した事で具体的に自社にどのような影響をあたえましたか	A._____
6	Q43	展示会への出展	1:とてもある 2:ある 3:あまりない 4:ない A._____
		Q43の回答で1,2を回答した方に質問です。	
		展示会へ出展した事で具体的に自社にどのような影響を与えましたか	A._____
6	Q44	学会への参加	1:とてもある 2:ある 3:あまりない 4:ない A._____
		Q44の回答で1,2を回答した方に質問です。	
		学会に参加した事で具体的に自社にどのような影響を与えましたか	A._____
6	Q45	パブリシティー（新聞社や雑誌社に自社製品の記事を投稿する行為）の活用	1:とてもある 2:ある 3:あまりない 4:ない A._____
6	Q46	広告媒体の活用（Ex)専門雑誌，新聞，CM，記者会見	1:とてもある 2:ある 3:あまりない 4:ない A._____

製品開発やプロモーション活動時（自社の製品・技術等を顧客企業に認知してもらう時）において，自社へ影響力がある法的要素を聞かせください。

1	Q47	法律改正	1:とてもある 2:ある 3:あまりない 4:ない A._____
		Q47で1:とてもある 2:あると答えた方に質問です	
		法改正が行われた事でどの様な影響を受けましたか	A._____
1	Q48	法制定	1:とてもある 2:ある 3:あまりない 4:ない A._____
		Q48で1:とてもある 2:あると答えた方に質問です	
		法制定された事でどの様な影響を受けましたか	A._____
1	Q49	規制緩和	1:とてもある 2:ある 3:あまりない 4:ない A._____
		Q49で1:とてもある 2:あると答えた方に質問です	
		規制緩和された事でどの様な影響を受けましたか	A._____
1	Q50	製品開発における他社の知的財産権による障壁	1:とてもある 2:ある 3:あまりない 4:ない A._____
		Q50で1:とてもある 2:あると答えた方に質問です	
		実際にどのような障壁がありましたか	A._____

最後に，御社の経営現状を教えて下さい。

Q51 御社の創業年数を教えて下さい	A.　　　　　年
Q52 ここ3年以内の平均的従業員数を教えて下さい	A.　　　　　人
Q53 ここ3年以内の売上伸び率を教えて下さい	A ①6％以上　②：5〜0％　③：0〜-5％　④-6％以下
Q54 ここ3年以内の利益伸び率を教えて下さい	A ①6％以上　②：5〜0％　③：0〜-5％　④-6％以下

長時間，アンケートにお付き合い頂き，有難う御座いました。他に，何か気が付いた事がありましたら下の空欄に記入して下さい

索　引

あ 行

IT 産業　76
IPO　23
　——前期　44
　——前のベンチャー企業における戦略　48
アーリー・アドプター　6
アーリー・マジョリティー　6
RMSEA　115
アンケート調査　85
アントレプレナー　55
　——シップ　13
イノベーション　13
イノベーター　6, 12
医薬品・バイオ業界　39
因果関係検証　111
インキュベータ　58
因子　89
　——分析　89
インターネットバブル　24
エンジェル　57
円高不況　16
エンドユーザーのニーズ　75

か 行

下位尺度得点　96
回収率　87
外的要素　75
外部環境　75
外部環境変化　44
仮説検証　85
仮説操作モデル　81
仮説導入　65
学会　76
株式公開　29
起業　9
企業家　9
企業内ネットワーク　92
技術環境　44
技術系ベンチャー企業の定義　13
技術シーズ　48
規制緩和　76
キャズム　6
急成長市場　38
強圧型のリーダー　60
狭義のプロモーション　76
共分散構造分析　114
口コミ　57
クローンバックの α 値　92
経営計画の失敗　27
経営資源管理　29
経営理念　60
経済環境　44
広義のプロモーション　76
広告　53
顧客企業のニーズ　75

国内外情勢　76
コスト優位　49
コミュニケーション　92
　――活動　54
　――力　75, 76
固有値　89

さ 行

細分化　36
サブミックス　53
産業発達　76
CFI　115
市場規模　36
市場情報収集能力　76
市場占有率　40
市場適応　76
　――・成長要素　81
　――製品開発能力　75
市場不適応　28
下請け　10
社会環境　44
ジャスダック　29
重回帰分析　111
従属変数　112
シュンペーター, J. A.　9
小規模コミュニケーション　59
小規模組織　59
情報収集力　91
情報の公正性　54
シリコンバレー　14
新事業創出促進法　17
新製品開発の失敗　27
人的ネットワーク　57

人的販売　53
スタートアップ期　44
　――の戦略　44
スピン・オフ　56
スモールビジネス　55
成長期　44
　――におけるベンチャー企業戦略　45
製品開発　65
製品の独立性と汎用性　48
製品のライフサイクル　36
世界的寡占化　39
設備投資の失敗　27
説明会　76
潜在変数　104
全倒産データ　27
戦略的プロモーション　55
相関係数　96
創業初期企業　12
組織内コミュニケーション　58
組織内マーケティング　58

た 行

第1次石油ショック　15
第1次ベンチャーブーム　15
大学発ベンチャー企業　18
第3次ベンチャーブーム　16
第2次石油ショック　15
第2次ベンチャーブーム　15
他業種他社との交流　92
ダニエル・ゴールマン　59
多母集団　114
知識・情報の共有化　60

知的財産権　76
中小企業　9
　――基本法　9
　――の新たな事業活動の促進に
　　関する法律　17
　――の創造的事業活動の促進に
　　関する臨時措置法　16
　――白書　18
中立性　54
t 検定　106
低成長市場　38
展示会　76
倒産　23
倒産リスク　12
東証マザーズ　29
独立変数　112
特許ライセンス　56

な 行

内的要素　75
ニーズ　89
　――の共有　91
　――の認知　91
ニッチターゲット　39

は 行

バイオベンチャーブーム　24
バズ　57
パブリシティ　76
　――化　54
バブル崩壊　16
販売促進　53
B to C　42

　――マーケティング　42 s
B to B　42
　――マーケティング　42
標準偏差値　89
評定尺度法　85
フォロワー　49
プロモーション活動　65
プロモーションのツール選択
　75
米国のベンチャー企業　55
β 値　112
変化と対応　89
ベンチャー企業　10
　――支援　19
　――倒産データ　27
　――倒産動向調査　23
ベンチャーキャピタル　15
ベンチャー財団　16
ベンチャー支援政策　16
ベンチャースピリット　36
法制定・改正　76
法制度・政策的環境　44
法的要素　76
法律　89

ま 行

マス広告　81
無料機構的販売プロモーション
　80
モデル採用基準値　115
モデル適合値　115
問題解決能力　76

や 行

有効回答　87
　　――率　87
要素経路　84
要素抽出モデル　81
予備調査　65

ら 行

リスクの軽減　29
リーダー　49
リーダーシップスタイル　59
累積寄与率　89
ルート123　14
レイト・マジョリティー　6

著者紹介

目黒良門(めぐろ・らもん)
早稲田大学法学部卒業,早稲田大学大学院社会科学研究科修士課程修了,東京大学大学院工学系研究科博士課程(先端学際専攻)単位取得退学
現在,東京工科大学大学院バイオ・情報メディア研究科アントレプレナー専攻教授
[主要著作]
『基本マーケティング用語辞典』(白桃書房 平成16年),「戦略的マーケティングの思考」(学文社 平成23年)

坂田さくら(さかた・さくら)
東京工科大学大学院バイオ・情報メディア研究科修士課程(アントレプレナー専攻)修了
現在,独立行政法人理化学研究所横浜研究所勤務

技術系ベンチャー企業のマーケティング行動分析

2008年9月10日 第1版第1刷発行
2011年9月30日 第1版第2刷発行

著 者 目黒 良門
　　　 坂田さくら

発行所 ㈱ 学文社

発行者 田中 千津子

〒153-0064 東京都目黒区下目黒3-6-1
電話 (03) 3715-1501㈹ 振替 00130-9-98842
http://www.gakubunsha.com

乱丁・落丁の場合は本社でお取替えします。　印刷/新灯印刷
定価はカバー,売上カード,に表示してあります。　〈検印省略〉

© 2008 MEGURO Ramon and SAKATA Sakura Printed in Japan
ISBN978-4-7620-1872-5